WILLIAMS-SONOMA

NUEVOS SABORES PARA
verduras

RECETAS
Jodi Liano

FOTOGRAFÍA
Kate Sears

TRADUCCIÓN
Laura Cordera L.
Concepción O. de Jourdain

WITHDRAWN

 degustis

primavera

verano

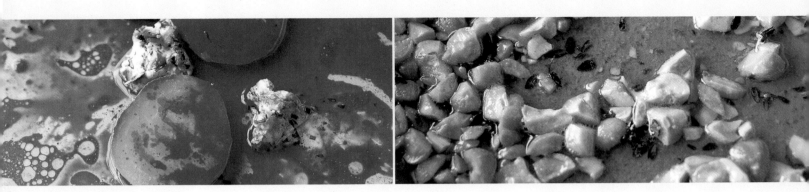

otoño

invierno

presentando nuevos sabores

"¡Cómete las verduras!" Todos hemos escuchado esa frase. De hecho, probablemente también la hemos dicho. Las verduras siempre han sido una parte esencial en nuestras dietas, sin embargo siempre han ocupado un lugar secundario: solamente hervidas, asadas o cocidas al vapor para acompañar el platillo principal. Hoy en día, con los mercados sobre ruedas que hay cada semana en muchas ciudades, los supermercados que tienen una mayor variedad de productos y la influencia internacional con atrayentes sabores de donde elegir, las verduras que antes solamente eran una pieza secundaria en un menú completo, ahora representan el papel estelar de la comida.

Las cuarenta y cuatro recetas de este libro están inspiradas en las guarniciones que conocemos y en los productos de temporada, pero ofrecen un giro nuevo al introducir una variedad de sabores inesperados. Los ingredientes básicos se cocinan de tal manera que intensifican su impacto: la mantequilla se cocina hasta que esté ligeramente dorada y con sabor a nuez; las cebollas se asan en caldo hasta que estén suaves y ricas en sabor. Los condimentos de todo el mundo, como la pasta dulce de miso blanco y la salsa harissa marroquí, añaden una explosión de sabor para dar un carácter único a las guarniciones que antes olvidábamos fácilmente.

Este libro está organizado de acuerdo a las temporadas del año para dar una mejor idea de la época en que las verduras están en su mejor punto de madurez. Los métodos de cocimiento también están influenciados por las temporadas: se antoja usar el asador del patio en una noche tibia de verano, mientras que el sabor intenso de un asado al horno es más apetecible en los meses fríos. Habiendo dicho esto, muchos de los platillos de este libro se pueden hacer durante todo el año, solamente hay que hojear el libro y seleccionar lo que más le apetezca. Con una variedad de sabores para elegir, esperamos que encuentre muchos platillos para añadir a su repertorio

la frescura como ingrediente

Cuando la comida es fresca, el simple hecho de añadir un poco de sazón lo hará disfrutar hasta el último bocado. Piense que la frescura es el ingrediente más importante y sus platillos hechos con verduras sabrán mejor cada vez.

de temporada Ya sean chícharos de primavera en sus aromáticas y dulces vainas; o mazorcas frescas de agosto recién cortadas de sus tallos esa mañana; o la calabaza butternut en el otoño tardío, nada es mejor que las verduras recién cortadas y preparadas en su mejor momento. No tiene que memorizar las verduras que están en temporada en su área para comprarlas lo más frescas posibles, solamente tenga en cuenta un par de cosas: las verduras deben sentirse pesadas en relación con su tamaño, tener hojas que no estén dañadas y la piel firme y tersa. Con algunas verduras el olor lo dice todo. Por ejemplo, los jitomates deben tener un olor tan dulce como la vaina en la que crecieron.

local Una manera fácil de asegurarse de que lo que compre esté fresco es yendo al mercado de su localidad en donde las verduras que se venden quizás se recogieron esa misma mañana. Cuando de sabor se trata, no hay realmente sustituto para comprar los ingredientes frescos del huerto. Cada día es más fácil encontrar verduras de la zona también en los supermercados y en las tiendas especializadas en comida natural.

orgánico Siempre que le sea posible, compre verduras orgánicas que no han sido cultivadas o tratadas con sustancias químicas y que saben mejor que las variedades convencionales. Las verduras orgánicas no duran tanto, por lo que cuando las encuentre en la tienda, generalmente están en su mejor punto de madurez.

¡sea atrevido!

Solamente el añadir una sazón inesperada a la preparación de las verduras del diario, las eleva a otro nivel. Salsas y purés atrevidos; aromáticas hierbas frescas y especias naturales asadas usadas en combinación con técnicas rápidas crearán una deliciosa guarnición hecha con verduras o incluso hasta una comida completa inolvidable.

ingredientes globales Salsa Harissa. Wasabe. Salsa Sriracha. Miso. Mire en su despensa, probablemente no tenga estos condimentos. Vale la pena buscar estos ingredientes en el pasillo de productos extranjeros del supermercado o de alguna tienda especializada, porque solamente con una pequeña cantidad puede transformar un simple platillo de verduras. En estas recetas usamos solamente una pizca de wasabe para añadir un poco de picor a un sencillo puré de papas; o un par de cucharaditas de polvo de curry hindú para dar una nueva vida a los tubérculos asados.

métodos de cocimiento de alto impacto Caramelizar y estofar, métodos frecuentemente usados para las carnes, pueden agregar a las verduras una intensidad de sabor similar. La coliflor se vuelve crujiente y dulce cuando se asa a fuego alto hasta caramelizarse. Estofar las copiosas verduras del invierno en un caldo sazonado crea un platillo muy sustancioso que acompaña perfectamente a un asado de carne para el invierno. Tampoco subestime el poder de su asador, ya que imparte a las verduras un sabor ahumado sin comparación.

combinaciones inesperadas En estas páginas los platillos clásicos se reinventan solamente agregando algunos sabores nuevos. Por ejemplo, una versión nueva en el platón de verduras crudas son los ejotes blanqueados que se sirven con una salsa ácida de crème fraîche y estragón; el pesto con arúgula y nueces crea una salsa con sabor a pimienta para los jitomates salteados

sabores en capas

Los platillos de verduras más ricos son sencillos y sustanciosos, pero aun así, juegan con una variedad de sabores, texturas y temperaturas. Probar y sazonar durante el proceso de cocimiento también ayuda a lograr que cada trocito esté lleno de sabor.

sazonando con sal En estas recetas usted encontrará que la sal, generalmente sal de mar, se añade varias veces durante el cocimiento. Esto es para lograr realzar el sabor distintivo de cada ingrediente y unir todos los sabores. En algunas recetas se usan otros ingredientes, como la salsa tai de pescado, las anchoas de lata o el queso parmesano, en lugar de la sal.

complemento y contraste El poner en capas sabores similares o contrastantes en un platillo lo puede convertir en uno especialmente delicioso. Estas recetas usan frecuentemente jugo y ralladura de cítricos para extraer el sabor natural de las verduras. Las hierbas frescas se usan para dar brillo a las verduras naturales del otoño e invierno y las salsas se hacen con una combinación sorprendente de ingredientes como son el chile y la miel o la salsa harissa y el yogurt de menta.

textura y temperatura Usar ingredientes con texturas y temperaturas opuestas es otra manera de dar un nuevo giro a un platillo de verduras ya conocido. En estas recetas la achicoria se asa hasta que queda dulce y ahumada y luego se baña con una salsa verde picante a temperatura ambiente. Una alcachofa se rellena con una mezcla de pan molido crujiente entre sus hojas para complementar su tierna pulpa.

Mientras ojea las páginas de este libro, salga un poco de su rutina y pruebe algunas cosas nuevas. Se sorprenderá de ver lo que pueden lograr estos nuevos sabores con sus verduras favoritas. La frase "cómete las verduras" tendrá un significado totalmente distinto.

primavera

ensalada de chícharos nieve y rábanos

chícharos nieve,
250 g (½ lb)

rábanos, 5

vinagre de arroz,
1½ cucharada

miel de abeja,
½ cucharadita

**sal de mar y pimienta
recién molida**

aceite de canola, ¼ taza

menta fresca, hojas de 2
ramas pequeñas, cortadas
en listones delgados

RINDE 4 PORCIONES

En una olla grande, sobre fuego alto, hierva agua con sal. Llene ⅔ partes de un tazón grande con agua con hielos.

Retire las hebras de los chícharos nieve. Ponga los chícharos en el agua hirviendo y cocine durante 1½ minuto. Escurra los chícharos e inmediatamente sumérjalos en el agua con hielos. Deje reposar durante uno o dos minutos, escurra los chícharos y seque dando unas palmadas suaves.

Corte los chícharos diagonalmente en trozos de aproximadamente 2 ½ cm (1 in) y coloque en un tazón. Rebane finamente los rábanos y corte las rebanadas en tiras delgadas. Agregue los rábanos al tazón con los chícharos.

En un tazón pequeño bata el vinagre, miel de abeja y una pizca de sal y otra de pimienta. Añada el aceite en un chorro lento y continuo y bata hasta integrar. Pruebe y rectifique la sazón.

Vierta la suficiente cantidad de aderezo para cubrir los chícharos y los rábanos y mezcle para cubrir; quizás no necesite todo el aderezo. Agregue la menta a la ensalada y mezcle ligeramente. Sirva de inmediato.

El cortar los rábanos en rebanadas muy delgadas atenúa su sabor picante y lo difunde uniformemente a todo el platillo. El aderezo agridulce de miel y vinagre crea un contraste con los rábanos picantes y complementa la dulzura de los chícharos en esta ensalada de primavera.

cebollas vidalia agridulces

Las cebollas vidalia tienen muchos azúcares naturales que suavizan su fuerte sabor. Al cocinarlas lentamente en un baño de vinagre de vino tinto fortificado con azúcar y caldo de pollo, se acentúa la inherente dulzura de la verdura. Este líquido de cocimiento también se puede usar como una rica salsa sin mantequilla, acentuada por un suave sabor de ajo asado y tomillo fresco.

Precaliente el horno a 175°C (350°F).

Retire la piel de las cebollas y córtelas en cuartos, sin llegar hasta la parte que está pegada a la raíz para mantener los gajos juntos. Acomode las cebollas en una sola capa sobre una charola para asar y espolvoree ligeramente con sal y pimienta. En una tabla para picar presione el diente de ajo usando la parte ancha de un cuchillo grande y agregue a la charola. Añada las ramas de tomillo y la hoja de laurel. Rocíe el aceite sobre las cebollas.

En una olla pequeña, sobre fuego medio-alto, hierva una taza de caldo. Agregue el vinagre y el azúcar y cocine de 2 a 3 minutos, moviendo ocasionalmente, hasta que el azúcar se disuelva.

Vierta la mezcla del caldo sobre las cebollas. Debe haber lo suficiente para cubrir las cebollas hasta la mitad. Añada un poco más del caldo si fuera necesario. Cubra la charola herméticamente con papel aluminio.

Hornee las cebollas de 30 a 40 minutos, moviendo ocasionalmente, hasta que suelten algo de su jugo y empiecen a suavizarse. Retire el papel aluminio cuidadosamente, eleve la temperatura del horno a 200°C (400°F) y hornee entre 60 y 75 minutos más, moviendo ocasionalmente, hasta que el líquido se reduzca aproximadamente a 2 cucharadas y las cebollas estén muy suaves.

Pase las cebollas a un platón de servir y sirva calientes o a temperatura ambiente.

cebollas vidalia, 4

sal de mar y pimienta recién molida

ajo, 1 diente

tomillo fresco, 3 ramas

hoja de laurel seca, 1

aceite de oliva extra virgen, 1 cucharada

caldo de pollo bajo en sodio, 1 taza más el necesario

vinagre de vino cabernet, 3 cucharadas

azúcar, 2 cucharadas

RINDE 4 PORCIONES

El singular sabor de las habas, una verdura de primavera por excelencia, destaca amablemente por la mejorana, de la misma familia que el orégano, con un aroma suave a flores. El sabor a menta y cítricos de esta hierba se mezcla perfectamente con el platillo y hace que resalte el sabor de las habas

salteado de habas verdes con mejorana y queso feta

Esta receta celebra la cosecha primaveral de las habas al usar ingredientes que realzan el sabor fresco y la textura amantequillada de la legumbre sin opacarla. El queso feta añade una fuerte acidez; el chalote y la ralladura del limón contribuyen con un grato toque, y la suave insinuación floral de la mejorana une todos los elementos.

En una olla grande ponga a hervir agua con sal. Llene dos terceras partes de un tazón grande de agua con hielos. Retire las habas de las vainas, deseche las vainas.

Ponga las habas en el agua hirviendo y cocine durante 2 minutos. Escurra las habas e inmediatamente sumérjalas en el agua con hielos. Cuando las habas estén lo suficientemente frías para poder tocarlas, retire la cáscara dura pellizcándolas en una punta. Ponga las habas ya sin cáscara en un tazón y seque dando unas palmadas suaves.

En una sartén, sobre fuego medio, caliente el aceite. Cuando el aceite esté caliente añada el chalote y una pizca de sal; saltee de 3 a 4 minutos, hasta que esté suave y translúcido. Agregue las habas y otra pizca de sal y saltee durante 2 minutos. Agregue la mejorana y saltee de 1 a 2 minutos más, hasta que las habas estén suaves.

Retire la sartén del fuego. Exprima el jugo de limón sobre las habas y mezcle. Pruebe y rectifique la sazón con sal y pimienta. Pase las habas a un platón precalentado y espolvoree con el queso. Sirva inmediatamente.

habas verdes en vaina,
1 kg (2 lb)

aceite de oliva extra virgen,
1 cucharada

chalote, ¼, rebanado
finamente

**sal de mar y pimienta
fresca molida**

mejorana fresca,
2 cucharaditas, picada

limón, ½

queso feta, 28 g (1 oz)

RINDE 4 PORCIONES

poros pequeños marinados y asados

poros pequeños, 16

vinagre de jerez,
2 cucharadas

mostaza dijon,
1 cucharadita

sal de mar y pimienta recién molida

cebollín, 1½ cucharada, finamente picado

perifolio o perejil liso, 1 cucharada, finamente picado más hojas enteras para adornar

aceite de oliva extra virgen apimentado, ½ taza

RINDE 4 PORCIONES

Corte las puntas de las raíces de los poros dejando solamente lo necesario para mantener los poros unidos.

En un refractario rectangular de vidrio mezcle el vinagre, mostaza, una pizca de sal y otra de pimienta, una cucharada de cebollín y una cucharada de perifolio o perejil picado. Bata hasta integrar por completo. Añada el aceite en chorro lento y continuo y mezcle. Ponga los poros en el refractario y revuelva para cubrirlos. Tape el refractario con plástico adherente y deje marinar a temperatura ambiente por lo menos durante una hora o refrigere durante toda la noche.

Diez o veinte minutos antes de servir los poros, prepare un asador de carbón o gas para asar directamente sobre fuego medio alto. Retire los poros de la marinada, escurra el exceso y reserve la marinada. Acomode los poros sobre la parrilla del asador y cocine de 5 a 6 minutos, hasta que estén suaves y dorados, volteándolos ocasionalmente para que se cocinen uniformemente.

Pase los poros a un platón precalentado y rocíe ligeramente con un poco de la marinada reservada. Adorne con el cebollín restante y con las hojas de perifolio. Sirva caliente o a temperatura ambiente.

El perifolio con aroma a anís, contribuye con su singular calidad herbácea a este platillo de poros ahumados. Los dulces y jóvenes poros resaltan por el vinagre de jerez con sabor a nuez, la acritud de la mostaza Dijon y el aceite de oliva apimentado, una mezcla que puede usarse tanto como marinada o como salsa.

El servir las alcachofas enteras permite a los comensales disfrutar del acto sensual de desprender las hojas una por una para disfrutar de su tierna pulpa. El rellenar sus cavidades con una mezcla de pan molido humedecido en aceite de oliva, hojuelas picantes de chile y menta fresca refrescante aligera la necesidad de acompañar con una salsa.

alcachofas asadas rellenas con chile jalapeño y menta

limón, 1

alcachofas globo, 4

mantequilla sin sal,
1 cucharada

aceite de oliva extra virgen,
1 cucharada más el
necesario para rociar

cebolla amarilla, 1, en
dados pequeños

sal de mar y pimienta
recién molida

chile jalapeño, 1, sin
semillas y finamente
picado

ajo, 2 dientes, finamente
picado

hojuelas de chile rojo,
½ cucharadita

pan recién molido (página
145), 1½ tazas

huevo, 1

menta fresca, las hojas
de ½ ramo, cortadas en
listones delgados

RINDE 4 PORCIONES

En una olla grande ponga a hervir agua con sal. Parta el limón a la mitad, exprima el jugo en el agua hirviendo y agregue cuidadosamente el limón. Usando un cuchillo filoso corte una cuarta parte de la parte superior de cada alcachofa y corte el tallo al mismo nivel de la base de las alcachofas. Con tijeras de cocina recorte las puntas filosas de las hojas. Ponga las alcachofas en el agua hirviendo y cocine de 15 a 20 minutos, volteando ocasionalmente, hasta que la base de las alcachofas esté lo suficientemente suave cuando se pique con un cuchillo y las hojas se desprendan cuando se jalen. Escurra las alcachofas poniéndolas de cabeza en una rejilla sobre una charola para hornear.

En una olla, sobre fuego medio, derrita la mantequilla con la cucharada de aceite. Agregue la cebolla y una pizca de sal y saltee de 5 a 6 minutos, hasta que la cebolla esté suave y translúcida. Añada el chile, ajo y las hojuelas de chile rojo y saltee durante 2 minutos. Apague el fuego, integre el pan molido y pase la mezcla a un tazón. Añada el huevo y bata con un tenedor hasta que la mezcla esté bien humedecida. Añada la menta a la mezcla con una generosa pizca de sal y otra de pimienta y mezcle.

Precaliente el horno a 175°C (350°F). Cuando las alcachofas estén lo suficientemente frías para poder tocarlas, abra cuidadosamente las hojas separándolas del centro y retire los hilos y las hojas amarillas usando una cuchara resistente. Rellene la cavidad de cada alcachofa y el espacio entre algunas de las hojas con la mezcla de pan molido. Acomode las alcachofas en un refractario y rocíe la parte superior con aceite. Cubra con papel aluminio y hornee durante 20 minutos, hasta que las hojas se desprendan fácilmente. Retire el aluminio y hornee 10 minutos más, hasta que la superficie de la mezcla del relleno esté ligeramente dorada.

Pase las alcachofas a platos precalentados y sirva al momento.

El sabor natural a nuez de las alcachofas, así como su excepcional forma llena de bolsillos naturales para rellenar, las convierte en el vehículo perfecto para sazonar con condimentos atrevidos como el ajo y dos tipos diferentes de picante en este relleno. La calidad refrescante de la menta y la riqueza del pan molido cubierto de aceite contrarrestan el picor del jalapeño.

espárragos asados con huevos fritos y queso parmesano

Escoja los huevos de la mayor calidad posible que pueda encontrar, cocine ligeramente, y las yemas con su color amarillo-naranja brillante y su textura cremosa servirán como salsa para acompañar a los espárragos frescos. Aquí, la verdura se asa a una temperatura alta para sacar el sabor natural a nuez el cual se complementa con el queso parmesano rallado que se espolvorea para cubrirlo.

Precaliente el horno a 215°C (425°F).

Rompa y separe con las manos el extremo duro de cada espárrago, como a 2 1/2 cm (1 in) de la base. (Si los espárragos son gruesos, use un pelador de verduras para retirar la piel de la parte inferior). Coloque los espárragos en una charola para hornear, rocíe con el aceite y mezcle para cubrir. Espolvoree ligeramente con sal y pimienta. Ase de 10 a 12 minutos, hasta que los espárragos estén lo suficientemente suaves cuando se les pique con un cuchillo.

Mientras se asan los espárragos, derrita una cucharada de mantequilla en una sartén antiadherente grande sobre fuego medio bajo. Fría 2 huevos en la sartén dejando un espacio de unos cuantos centímetros (un par de pulgadas) para que no se toquen. Tape la sartén y cocine los huevos durante 2 minutos. Destape y cocine de 2 a 3 minutos, hasta que las claras estén opacas y las yemas estén todavía tiernas.

Divida los espárragos en 4 platos precalentados. Usando una espátula ranurada levante cada huevo cuidadosamente y póngalo junto a los espárragos pero ligeramente sobre ellos. Espolvoree los huevos levemente con sal y pimienta. Ralle inmediatamente un poco de queso parmesano sobre el platillo. Repita la operación con los 2 huevos restantes y sirva de inmediato.

espárragos, 750 g , (1½ lb)

aceite de oliva extra virgen, 2 cucharadas

sal de mar y pimienta recién molida

mantequilla sin sal, 2 cucharadas

huevos, 4

queso parmesano, un trozo pequeño

RINDE 4 PORCIONES

chícharos salteados con ajo y ajonjolí

semillas de ajonjolí,
2 cucharadas

chícharos, 1.5 kg (3 lb),
sin vaina

aceite de oliva extra virgen,
1 cucharada

aceite de ajonjolí asiático,
1 cucharadita

ajo, 2 dientes, finamente
picado

**sal de mar y pimienta
recién molida**

RINDE 4 PORCIONES

En una sartén seca, sobre fuego medio, tueste las semillas de ajonjolí de 4 a 5 minutos, hasta que queden doradas y aromaticen. Pase a un plato y deje enfriar.

En una olla grande ponga a hervir agua con sal. Llene dos terceras partes de un tazón grande con agua con hielos. Agregue los chícharos al agua hirviendo y cocine de 2 a 3 minutos. Escurra los chícharos y sumerja inmediatamente en el agua con hielos. Deje reposar durante uno o dos minutos, escurra.

En una sartén grande, sobre fuego medio-alto, caliente el aceite de oliva y el de ajonjolí. Cuando los aceites se calienten, agregue el ajo y saltee durante 30 segundos, moviendo constantemente, hasta que aromatice pero no se dore.

Añada los chícharos, una pizca de sal y otra de pimienta; saltee durante 3 ó 4 minutos, moviendo ocasionalmente, hasta que los chícharos estén lo suficientemente suaves. Espolvoree con las semillas de ajonjolí tostadas y revuelva. Pruebe y rectifique la sazón. Sirva inmediatamente.

Una espolvoreada de semillas de ajonjolí tostadas añade una capa de sabor a nuez crujiente sobre los brillantes chícharos frescos del huerto. El sedoso aceite de ajonjolí proporciona otra capa de sabor natural mientras que el ajo contribuye con un contrapunto picante.

Al mezclar el aceite de oliva con cebollín se crea un condimento de color vibrante con un sabor similar al de cebolla. El aceite rociado sobre papas cambray cocidas al vapor, con su delgada piel y su suave sabor natural, se convierte en una sedosa alternativa en vez de usar el método habitual de cubrirlas con mantequilla.

papas cambray al vapor con aceite de cebollín

papas cambray pequeñas como fingerling, Yukon o rojas, 1 kg (2 lb), cada una de aproximadamente 3.75 cm (1½ inches) de diámetro

cebollín fresco, 1 manojo

aceite de oliva extra virgen afrutado, ⅓ taza

limón, 1

sal de mar y pimienta recién molida

RINDE 4 PORCIONES

Talle las papas y, si fuera necesario, corte las grandes a la mitad para que todas sean aproximadamente del mismo tamaño. En una olla ponga a hervir alrededor de 5 ó 6 cm (1 - 2 in) de agua y coloque las papas sobre una canastilla ajustable para cocinar al vapor. Cocine las papas, tapadas, durante 15 ó 17 minutos, hasta que se pueda insertar un cuchillo filoso fácilmente, sin resistencia.

Mientras las papas se están cociendo, ponga a hervir agua en una olla pequeña. Llene dos terceras partes de un tazón pequeño con agua con hielos. Pique toscamente tres cuartas partes de cebollín. Agréguelo al agua hirviendo y cocine durante un minuto. Escurra el cebollín y sumérjalo inmediatamente en el agua con hielos. Deje reposar durante 1 ó 2 minutos, escurra y seque dando unas palmaditas suaves. Ponga el cebollín en una licuadora o en un procesador de alimentos pequeño. Con el motor encendido, vierta el aceite de oliva y licúe hasta obtener una mezcla tersa. Pase el aceite de cebollín a través un colador de malla fina forrado con una toalla de papel, colocado sobre un tazón pequeño. Deseche el cebollín que quede en la toalla de papel junto con ésta.

Corte el cebollín restante en trozos de 2 1/2 cm (1 in). Ralle finamente la cáscara del limón (reserve el limón para otro uso). Cuando las papas estén cocidas, póngalas en un platón precalentado. Agregue el cebollín y el aceite de cebollín y mueva para mezclar. Pruebe y rectifique la sazón con sal y pimienta. Espolvoree con la ralladura de limón y sirva inmediatamente.

En esta receta, al usar un aceite de oliva afrutado (en lugar de uno con sabor a pimienta) para mezclar con el cebollín se ayuda a balancear el sabor a cebolla en el vibrante aceite de color verde con un sabor atrevido. El aceite infundido forma una salsa innovadora para las sencillas papas cambray cocidas al vapor, que se acentúan con la brillantez de la ralladura del limón.

espinacas salteadas con ralladura de limón y crema

La cáscara de los cítricos contiene el aceite esencial de la fruta y tiene un sabor atrevido. Usada primero en tiras para hacer una infusión a la crema, y posteriormente rallada finamente y mezclada con las espinacas cocidas, la cáscara de limón aligera con su vitalidad a este platillo que de otra forma sería sustancioso y cremoso.

Vierta la crema en una olla. Usando un pelador de verduras retire 2 tiras de ralladura de limón, cada una de 5 cm (2 in) de largo. Reserve el limón. Agregue las tiras de ralladura a la crema y hierva lentamente sobre fuego medio. Cocine la crema cerca de 8 minutos, moviendo ocasionalmente, hasta que se reduzca a la mitad. Vigile que la crema no hierva vigorosamente. Retire la ralladura de limón y deseche.

Retire los tallos duros de las hojas de las espinacas y deséchelos; enjuague las hojas en un colador. Caliente una sartén grande sobre fuego medio. Añada las espinacas con el agua que les haya quedado en las hojas. Espolvoree con el azúcar y revuelva. Tape la sartén y cocine las espinacas durante 3 minutos. Destape y revuelva. Continúe cocinando de 1 a 2 minutos sin tapar, hasta que las espinacas estén marchitas y suaves.

Coloque las espinacas en un colador y, usando una cuchara de madera, presione firmemente para retirar el exceso de líquido. Pique toscamente las espinacas escurridas y agregue a la olla con la crema. Ralle finamente la cáscara del limón restante y agregue a las espinacas (reserve el limón para otro uso). Sazone las espinacas con una pizca de sal y aproximadamente ½ cucharadita de pimienta; mezcle. Cocine sobre fuego medio de 2 a 3 minutos, moviendo ocasionalmente, hasta que estén bien calientes.

Pase las espinacas a un tazón para servir precalentado y sirva de inmediato.

crema espesa, 1 taza

limón, 1

espinacas pequeñas, 1 kg (2 lb)

azúcar, 1 cucharadita

sal de mar y pimienta recién molida

RINDE 4 PORCIONES

ragú de alcachofas con ajo, azafrán y ralladura de naranja

limón, 1

alcachofas globo, 6

naranja, 1

aceite de oliva extra virgen, 2 cucharadas

cebolla amarilla, ½, en cubos pequeños

sal de mar y pimienta recién molida

ajo, 2 dientes, finamente picado

vino blanco seco como Sauvignon Blanc, 1 taza

hilos de azafrán, de 6 a 8

RINDE 4 PORCIONES

Llene un tazón grande con agua fría. Parta el limón a la mitad, exprima el jugo en el agua y ponga las mitades de los limones en el tazón. Retire y deseche las hojas más duras de cada alcachofa. Usando un cuchillo filoso corte la parte superior de la alcachofa como a 2 ½ cm (1 in) de la base o corazón. Usando un cuchillo mondador recorte la pulpa de color verde oscuro de la base y tallo de la alcachofa. Corte la alcachofa a la mitad y con ayuda de una cuchara resistente saque las hebras correosas. Corte las mitades en rebanadas de 2 ½ cm (1 in) y póngalas en el tazón del agua con limón.

Ralle finamente la cáscara de la naranja. Exprima la naranja hasta obtener alrededor de ½ taza de jugo. Reserve la ralladura y el jugo.

En una sartén, sobre fuego medio-bajo, caliente el aceite. Cuando esté caliente agregue la cebolla y una pizca de sal; saltee de 6 a 7 minutos, hasta que la cebolla esté suave y translúcida. Añada el ajo y saltee durante un minuto más. Escurra las alcachofas y póngalas en la sartén junto con el jugo de naranja, vino y ½ taza de agua. Desbarate los hilos de azafrán y espolvoree en la sartén. Lleve a ebullición y cuando suelte el hervor reduzca el fuego a bajo. Añada una pizca generosa de sal y otra de pimienta, tape la sartén y hierva lentamente alrededor de 25 minutos, hasta que las alcachofas se sientan suaves al picarlas con un cuchillo.

Destape la sartén, suba el fuego a medio-alto y deje hervir vigorosamente durante 6 ó 7 minutos, hasta que el líquido se reduzca y tenga la consistencia de un glaseado. Añada la mitad de la ralladura de naranja reservada y mezcle. Pruebe y rectifique la sazón.

Pase las alcachofas a un platón de servir precalentado y espolvoree con la ralladura de naranja restante. Sirva calientes o a temperatura ambiente.

Las alcachofas absorben muy bien el sabor de las marinadas y de las salsas. En esta receta, la verdura se cocina en un caldo aromático de azafrán, jugo de naranja dulce y ácido vino blanco. Cuando el líquido de cocimiento se reduce a un glaseado para cubrir las rebanadas cocidas de alcachofa, el exótico matiz del azafrán sale a relucir.

El sabor ácido del queso pecorino romano es una esplendorosa alternativa para sustituir el queso parmesano cuando se quiere mantener un sabor ligero en un platillo. Este queso, que se desmenuza fácilmente y al mismo tiempo es cremoso, se acompaña frecuentemente con menta fresca pero si se usa albahaca como en la siguiente receta, se crea un agradable contraste: un salteado rápido con chícharos frescos.

salteado de chícharos con albahaca y pecorino

aceite de oliva extra virgen,
1 cucharada

mantequilla sin sal,
1 cucharada

chícharos nieve,
250 g (½ lb), sin hilos

chícharos ingleses, 500 g
(1 lb), sin vaina

sal de mar y pimienta
recién molida

limón, 1

albahaca fresca, hojas de 4
ramas, cortadas en listones
delgados

queso pecorino romano, un
trozo pequeño

RINDE 4 PORCIONES

En una sartén grande, sobre fuego medio, caliente el aceite y derrita la mantequilla. Agregue los chícharos. Vierta ¼ de taza de agua y añada una pizca de sal. Tape y cocine durante 2 minutos. Destape y cocine cerca de 2 minutos más, moviendo ocasionalmente, hasta que el agua se evapore. Los chícharos deberán estar suaves pero crujientes y todavía de color verde brillante.

Ralle finamente 2 cucharaditas de la cáscara del limón, parta el limón a la mitad. Retire la sartén del fuego y exprima el jugo de una de las mitades sobre los chícharos (reserve la otra mitad para otro uso). Agregue la ralladura de limón, la albahaca, una pizca de sal y otra de pimienta a la sartén. Ralle el queso sobre los chícharos y mezcle.

Pase los chícharos a un platón de servir precalentado y sirva de inmediato.

Un salteado rápido resalta la dulzura natural de los chícharos nieve y aumenta su textura crujiente. Los chícharos ingleses frescos también ganan una dulzura especial al cocinarlos rápidamente. En esta receta las verduras se mezclan con la albahaca fresca parecida al anís, la ralladura de limón agria y el sabor ácido del queso pecorino para lograr una deliciosa y rápida guarnición.

verano

ejotes con salsa cremosa de estragón

Al batir el estragón con su aroma a anís y la agradable crème fraîche ácida hasta que estén como una crema ligera, se eleva de categoría a este platillo de verduras crudas y salsa de remojo. Cocine los ejotes hasta que estén lo suficientemente suaves para mantener su sabor fresco de verano y lo suficientemente firmes para poder sumergirse en la sabrosa salsa.

En una olla ponga a hervir agua con sal. Llene dos terceras partes de un tazón grande de agua con hielos. Agregue los ejotes al agua hirviendo y cocine de 4 a 5 minutos, hasta que estén suaves. Escurra los ejotes y sumérjalos inmediatamente en el agua con hielos. Deje reposar durante uno o dos minutos, escurra, seque suavemente y acomode en un platón de servicio.

En un tazón mezcle la crème fraîche con la crema espesa y bata hasta que la mezcla tenga la textura de una crema batida ligera. Ralle finamente la cáscara del limón hacia el tazón, parta el limón a la mitad y exprima el jugo de una mitad en el tazón (reserve la mitad restante para otro uso). Agregue el estragón a la mezcla de crème fraîche. Integre la mostaza con una pizca de sal y otra de pimienta. Pruebe y rectifique la sazón.

Pase la mezcla de la crème fraîche a un tazón pequeño y colóquelo en el platón de los ejotes para usar como salsa de remojo. Sirva inmediatamente.

ejotes, 500 g (1 lb), con los tallos recortados

crème fraîche (página 142) o comprada, 1 taza

crema espesa, 2 tablespoons

limón amarillo, 1

estragón fresco, 1 cucharadita, finamente picado

mostaza dijon, 1 cucharadita

sal de mar y pimienta recién molida

RINDE 4 PORCIONES

elote dulce asado con mantequilla de miel maple y pimienta de cayena

mantequilla sin sal, ½ taza, a temperatura ambiente

jarabe puro de maple de grado b, 2 cucharadas

limón amarillo, 1

pimienta de cayena, una pizca

sal de mar y pimienta negra recién molida

elote dulce frescon 4 mazorcas

aceite de canola

RINDE 4 PORCIONES

En un tazón mezcle la mantequilla y el jarabe de maple con una cuchara de madera. Ralle finamente la cáscara del limón sobre el tazón. Parta el limón a la mitad y exprima el jugo de una de las mitades al tazón (reserve la mitad restante para otro uso). Mezcle hasta integrar. Agregue la pimienta de cayena, una pizca de sal y otra de pimienta negra; mezcle hasta integrar. Pruebe y rectifique la sazón. Con una cuchara pase la mezcla de la mantequilla a un trozo de plástico adherente y forme una barra de aproximadamente 4 cm (1 ½ in) de diámetro. Envuelva la barra firmemente con el plástico adherente y refrigere durante una hora, hasta que esté firme.

Diez o veinte minutos antes de que planee servir los elotes, prepare un asador de carbón o gas para asarlos directamente sobre fuego alto.

Retire las hojas de los elotes y, si lo desea, deje algunas en la mazorca para una presentación más rústica. Frote uniformemente cada elote con el aceite y espolvoree ligeramente con sal cubriendo todos los lados. Ase los elotes de 12 a 14 minutos, volteando ocasionalmente, hasta que estén suaves y se doren en algunas partes.

Pase los elotes a un platón para servir precalentado. Corte rebanadas de la barra de mantequilla y coloque una rebanada sobre cada elote dejándola derretir para luego untarla sobre el elote cubriendo todos los lados. Sirva inmediatamente. Pase la mantequilla de maple y pimienta cayena restante a la mesa.

El elote fresco del verano tiene una dulzura natural que aumenta con el sabor ahumado que le imparte el asador. El jarabe de maple de grado B cuenta con una dulzura complementaria y un ligero sabor ahumado que sirve como contrapunto a la picante pimienta de cayena en esta deliciosa cubierta de mantequilla.

El asar los jitomates heirloom hasta carbonizar su piel concentra su jugo y resalta su extraordinario sabor. Cuadritos de pan artesanal tostados son ideales para empaparse del jugo dulce y ahumado del jitomate en una ensalada sustanciosa.

ensalada de pan con jitomates, asados, pepinos y aceitunas

pan italiano estilo campestre como el *pugliese*, ½ hogaza de 250 g (cerca de 8 oz)

jitomates maduros, de preferencia de diferentes colores, 4 grandes, cerca de 1½ kg (2 ½ lb) de peso total

pepino inglés, 1 pequeño

cebolla morada, ½, picada

aceitunas Kalamata, ⅓ taza, sin hueso y picadas grueso

aceite de oliva extra virgen, ⅓ taza

vinagre de vino tinto, 2 cucharadas

sal de mar y pimienta recién molida

albahaca fresca, ½ manojo

RINDE 4 PORCIONES

Precaliente el horno a 185°C (375°F).

Corte el pan en cubos de aproximadamente 1 cm (½ in) y acomódelos en una sola capa sobre una charola para hornear. Tueste ligeramente el pan en el horno de 8 a 10 minutos, hasta que los cubos estén secos y ligeramente dorados. Retire los cubos de la charola y reserve.

Coloque la parrilla del horno a 15 cm (12 in) debajo de la fuente de calor y precaliente el asador del horno. Forre con papel de aluminio una charola para hornear con borde y ponga los jitomates en la charola preparada. Ase de 2 a 3 minutos, hasta que la piel de los jitomates empiece a chamuscarse y se ennegrezca. Voltee los jitomates y ase de 2 a 3 minutos más. Retire del horno y deje enfriar.

Cuando los jitomates estén lo suficientemente fríos como para tocarlos, retire y deseche la piel que esté suelta. Pique grueso y pase a un tazón grande (no importa si se quedan algunos trocitos de piel carbonizada). Corte el pepino longitudinalmente a la mitad y retire las semillas. Corte las mitades del pepino transversalmente en rebanadas de aproximadamente 1 cm (½ in) de grueso y agréguelas al tazón con los jitomates. Añada la cebolla, aceitunas, aceite, vinagre, un poco de sal y de pimienta al tazón y mezcle para integrar. Deje reposar a temperatura ambiente hasta una hora para que se integren los sabores.

Justo antes de servir, añada los cubos de pan tostados a la mezcla de las verduras y revuelva cuidadosamente. Retire las hojas de las ramas de la albahaca, píquelas en trozos pequeños y agregue al tazón con el pan y los jitomates, moviendo cuidadosamente para mezclar. Pruebe y rectifique la sazón. Sirva de inmediato

El poner en capas ingredientes picantes, amargos y salados es una manera maravillosa de añadir otra dimensión a los platillos a base de verduras. Las aceitunas Kalamata ofrecen estas tres cualidades, lo que las hace ser el acompañamiento ideal para esta creativa ensalada de verano con dulces y ahumados jitomates carbonizados, pepino con matiz a hierba y cubos crujientes de pan.

guisado picante de **quingombó**

Esta receta usa especias populares de la región oriente del Mediterráneo, en donde el cilantro aromático, comino fuerte y pimienta de cayena picante se usan a menudo para agregar sabor a la cocina. El perejil no solamente le añade un color atractivo y brillante al guisado sino que le proporciona un fresco sabor de hierbas logrando un equilibrio entre las especias naturales, el crujiente y copioso quingombó y los jitomates ácidos y dulces.

En una olla pequeña, sobre fuego alto, ponga a hervir agua. Llene dos terceras partes de un tazón grande de agua con hielos. Trabajando con un jitomate a la vez, sumérjalo en el agua hirviendo y cocine durante 10 segundos. Inmediatamente pase el jitomate al agua con hielos, deje reposar por unos segundos y escurra. Retire la piel de cada jitomate y pique la pulpa.

Retire los tallos y las colas del quingombó si están duros y corte el quingombó en rebanadas de aproximadamente 6 mm (¼ in) de grueso.

En una olla, sobre fuego medio, caliente el aceite. Cuando el aceite esté caliente agregue la cebolla y una pizca de sal y saltee de 2 a 3 minutos, hasta que empiece a suavizarse. Añada el quingombó y saltee de 7 a 10 minutos, hasta que esté ligeramente dorado. Reduzca el fuego a medio bajo y saltee de 4 a 5 minutos, hasta que el quingombó esté lo suficientemente suaves.

Añada el ajo, pimienta de cayena, semillas de cilantro, comino, una pizca de sal y otra de pimienta negra; cocine durante un minuto más para integrar los sabores. Agregue los jitomates y una taza de agua; hierva lentamente de 7 a 9 minutos, hasta que los jitomates se desbaraten y la mezcla empiece a espesarse. Pruebe y rectifique la sazón.

Mientras el guisado se cocina, retire las hojas de las ramas del perejil y píquelas toscamente. Retire el guisado del fuego e integre el perejil picado. Sirva de inmediato.

jitomates maduros,
3 grandes

quingombó o angú fresco,
500 g (1 lb)

aceite de canola,
2 cucharadas

cebolla amarilla, 1, picada

sal de mar y pimienta
negra recién molida

ajo, 2 dientes, finamente
picado

pimienta de cayena,
½ cucharadita

semillas de cilantro
½ cucharadita

comino molido,
½ cucharadita

perejil liso fresco,
¼ manojo

RINDE 4 PORCIONES

Una salsa cruda hecha de jitomates maduros, ajo y albahaca fresca necesita únicamente un rocío de aceite de oliva de buena calidad para enriquecer su sabor. Usted la puede usar prácticamente con cualquier platillo: pescado asado, pasta cocida o sobre "tallarines" delgados de calabacita cruda.

pasta de calabacitas con salsa de jitomate fresco

calabacitas, 4, cerca de 1 kg (2 lb) de peso total)

sal de mar y pimienta recién molida

jitomates maduros, 4 grandes, cerca de 1 kg (2 lb) de peso total, en dados

ajo, 2 dientes, finamente picado

albahaca fresca, hojas de ½ manojo, cortada en listones delgados

aceite de oliva extra virgen, 3 cucharadas

queso parmesano, un trozo pequeño

RINDE 4 PORCIONES

Con una mandolina, un cuchillo filoso o un pelador de verduras muy filoso corte cada calabacita longitudinalmente en rebanadas de aproximadamente 3 mm (⅛ in) de grueso. Ponga con cuidado las rebanadas en un tazón grande, espolvoree con una cucharada de sal y mezcle cuidadosamente para cubrir. Forre 1 ó 2 charolas para hornear con toallas de papel. Pase las rebanadas de calabacita con sal a las charolas preparadas acomodándolas en una sola capa y deje reposar durante 20 minutos. Voltee las rebanadas de calabacita y deje reposar durante 10 minutos más. Enjuague cuidadosamente bajo el chorro del agua fría. Usando una toalla de cocina seque suavemente y acomode haciendo un montículo holgado sobre un platón para servir.

En un tazón grande mezcle los jitomates con sus jugos, ajo, y albahaca y revuelva con cuidado para integrar. Agregue 2 cucharadas del aceite, una pizca generosa de sal y otra de pimienta a la mezcla de jitomate.

Rocíe la cucharada restante de aceite sobre las calabacitas y espolvoree con un poco de pimienta. Usando una cuchara cubra uniformemente las calabacitas con la mezcla de jitomate. Con un pelador de verduras corte varias rebanadas de queso parmesano sobre el platillo. Sirva inmediatamente.

Listones frescos de calabacitas simulando una pasta, una salsa ácida de jitomates crudos y rebanadas delgadas de queso parmesano dan una nueva vida a esta combinación de ingredientes conocidos. Trate de encontrar el queso Parmigiano-Reggiano importado de Italia, el cual le dará a este platillo un especial sabor a nuez casi acaramelado.

jitomates pera miniatura salteados con pesto de arúgula y queso feta

Las cremosas nueces tostadas y la arúgula apimentada se fusionan con el sabor distintivo de la albahaca para crear una versión atrevida de pesto que cubre un rápido salteado de jitomates pera amarillos. El queso feta desmoronado le proporcionan su rica acidez para ayudar a fundir todos los sabores.

Precaliente el horno a 185°C (375°F).

Coloque las nueces en una charola para hornear con borde. Tueste las nueces en el horno de 6 a 8 minutos, hasta que adquieran una o dos tonalidades más oscuras y suelten su aroma. Ponga las nueces en un plato a enfriar.

Ralle finamente la cáscara del limón (reserve el limón para otro uso). En el tazón del procesador de alimentos, mezcle las nueces, ralladura del limón y ajo; pulse para mezclar. Agregue las hojas de albahaca y de arúgula, pulse hasta que estén picadas grueso. Con el procesador encendido vierta lentamente 4 cucharadas del aceite. Continúe pulsando hasta que la mezcla esté húmeda y bien integrada pero todavía un poco gruesa. Pase el pesto a un tazón pequeño, pruebe y rectifique la sazón con sal y pimienta.

En una sartén mediana, sobre fuego medio alto, caliente la cucharada restante del aceite de oliva. Cuando el aceite esté caliente agregue los jitomates y una pizca de sal; saltee de 3 a 4 minutos, hasta que los jitomates estén calientes y su piel esté empezando a separarse. Retire la sartén del fuego e integre el pesto.

Pase los jitomates a un platón de servicio y desmorone el queso sobre el platillo. Sirva caliente o a temperatura ambiente.

nueces, 3 cucharadas

limón amarillo, 1

ajo, 1 diente, picado toscamente

hojas frescas de albahaca, ¼ manojo

hojas de arúgula pequeña, 1 taza compacta

aceite de oliva extra virgen, 5 cucharadas

sal de mar y pimienta recién molida

jitomates pera miniatura amarillos

jitomates pera miniatura amarillos, 750 g (1 ½ lb)

queso feta, 60 g (2 oz)

RINDE 4 PORCIONES

ensalada sazonada de pepinos con cacahuates asados

vinagre de arroz, ⅓ taza

azúcar, 1½ cucharada

sal de mar y pimienta recién molida

pepino inglés, 1

cebolla morada, ¼, finamente rebanada

chile jalapeño, 1, finamente rebanado

cilantro fresco, hojas de ¼ manojo

cacahuates asados, 2 cucharadas

RINDE 4 PORCIONES

En una pequeña olla de material no reactivo mezcle el vinagre, azúcar, una pizca de sal y otra de pimienta. Lleve a ebullición sobre fuego medio alto. Cuando suelte el hervor reduzca el fuego a bajo. Cocine de 2 a 3 minutos, moviendo ocasionalmente, hasta que el azúcar se disuelva. Retire del fuego y deje enfriar completamente.

Mientras la mezcla se enfría, corte los pepinos en rebanadas de aproximadamente 6 mm (¼ in) de grueso y pase a un tazón grande con la cebolla y el chile. Vierta la mezcla del vinagre sobre las verduras y mezcle bien para cubrir. Deje reposar las verduras por lo menos 30 minutos a temperatura ambiente, moviendo ocasionalmente para mezclar los sabores.

Justo antes de servir pique el cilantro y los cacahuates toscamente. Integre el cilantro a la ensalada. Pase la ensalada a un platón para servir y cubra con los cacahuates. Sirva a temperatura ambiente.

Una espolvoreada de cacahuates tostados y de cilantro brillante contribuye a la enigmática dimensión de esta ensalada tipo tai, que es refrescante, fuerte y picante al mismo tiempo. Al marinar el pepino, la cebolla y el chile en la mezcla del vinagre endulzado atenúa sus distintivos sabores y suaviza sus texturas.

Al asar chiles poblanos se resalta su dulzura natural y contribuye a darles un ligero sabor ahumado. Al agregar chile picado a la mezcla de verduras que rellena los chiles enteros refuerza su sabor. El picor de los poblanos varía, por lo que cada mordida guarda una sorpresa

chiles poblanos rellenos de frijoles negros y calabaza

chiles poblanos, 8

aceite de oliva extra virgen,
2 cucharadas

cebolla blanca, ½,
finamente picada

sal de mar y pimienta
negra recién molida

calabacita, 1, en dados

calabaza amarilla de
verano, 2

jitomate maduro, 1 picado

pimienta de cayena,
¼ cucharadita

frijoles negros, 1 lata de
440 g (15 oz), escurridos y
enjuagados

cilantro fresco, las hojas de
¼ manojo, picadas grueso

arroz blanco cocido (página
142) , 1 taza

crème fraîche (página 142
o comprada), ½ taza

queso parmesano,
un trozo pequeño

RINDE DE 4 A 6 PORCIONES

Coloque la parrilla del horno a 15 cm (6 in) debajo de la fuente de calor y precaliente el asador del horno. Forre con papel aluminio una charola para hornear con borde y ponga 2 de los chiles sobre la charola preparada. Ase los chiles cerca de 15 minutos, volteando ocasionalmente, hasta que estén chamuscados por todos lados. Ajuste la temperatura del horno a 200°C (400°F). Pase los chiles a un tazón, cubra herméticamente con plástico adherente y deje sudar durante 5 minutos. Con los dedos mojados retire la piel de los chiles. Retire las semillas y los tallos, pique los chiles en cuadros y reserve.

Corte una ranura de 5 cm (2 in) en cada uno de los 6 chiles restantes. Con un cuchillo mondador raspe y retire con cuidado las semillas del interior de los chiles.

En una sartén, sobre fuego medio, caliente el aceite. Cuando esté caliente añada la cebolla y una pizca de sal; saltee de 5 a 6 minutos, hasta que la cebolla esté suave y translúcida. Agregue la calabacita y la calabaza de verano, tape la sartén y saltee de 5 a 6 minutos, hasta que suavicen. Destape y añada el jitomate, pimienta de cayena y una pizca de sal y otra de pimienta y saltee durante 2 minutos. Retire la sartén del fuego y deje que las verduras se enfríen ligeramente.

Agregue los frijoles, cilantro, arroz y la crème fraîche a la sartén y mezcle. Usando una cuchara rellene los chiles con la mezcla de frijoles, dividiéndola uniformemente. Ponga los chiles rellenos en un refractario colocando la ranura hacia arriba y añada la cantidad de agua necesaria hasta cubrir aproximadamente 1 cm (½ in) del refractario. Cubra herméticamente con papel de aluminio y hornee cerca de 20 minutos, hasta que el relleno esté completamente caliente y el agua se haya evaporado. Retire el papel aluminio, ralle parte del queso sobre los chiles y hornee, sin tapar, cerca de 5 minutos hasta que el queso se derrita.

Sirva directamente del refractario de inmediato.

Al asar chiles hasta que su piel se ennegrezca, les imparte un atractivo sabor ahumado. En esta receta la calabacita, la calabaza de verano y los chiles asados se agregan al relleno sustancioso de frijoles negros y arroz, el cual se coloca dentro de chiles enteros para obtener un platillo ligero de verano. La crème fraîche ácida y el queso parmesano salado añaden acentos refrescantes.

verduras de verano marinadas y asadas sobre ramas de romero

Las verduras frescas de la huerta del verano necesitan muy pocos adornos. En esta receta se marinan en una sencilla vinagreta y se ensartan en las ramas fuertes de romero para asarlas sobre fuego alto. Este original proceso de cocimiento infunde matices ahumados a las verduras mientras que los tallos del romero arden sobre el fuego alto del asador.

Corte la berenjena longitudinalmente en cuartos y cada cuarto en rebanadas de aproximadamente 1 cm (½ in) de grueso. Corte la calabacita en rodajas de 1 cm (½ in) de grueso.

En un tazón grande ponga el ajo. Retire las hojas de una rama de romero y agréguelas al tazón. Añada la mostaza, aceite, vinagre, una pizca de sal y otra de pimienta y mezcle. Añada las rebanadas de berenjena, de calabacita y los jitomates y mezcle para cubrir. Tape el tazón con plástico adherente y deje marinar las verduras durante una hora a temperatura ambiente.

Mientras tanto, retire las hojas de las dos terceras partes inferiores de las 8 ramas restantes de romero (reserve las hojas para otro uso). Ponga las ramas en un plato poco profundo, agregue agua para cubrir y deje remojar durante una hora para evitar que se quemen en el asador.

Escurra las ramas de romero. Ensarte las verduras en las ramas alternando rebanadas de berenjena, calabacita y jitomates y sacudiendo el exceso de la marinada al retirar las verduras del tazón. Reserve la marinada.

Diez o veinte minutos antes de servir las brochetas de verduras, prepare el asador de carbón o gas para asar directamente sobre fuego alto. Ase las verduras de 8 a 10 minutos, volteando una o dos veces, hasta que las verduras estén suaves pero sin que se desbaraten. Pase a un platón de servir y rocíe con la marinada restante. Sirva caliente o a temperatura ambiente.

berenjena globo,
1 pequeña (aproximadamente 500 g/1 lb)

calabacita, 1

ajo, 1 diente, finamente picado

ramas frescas de romero,
9 grandes, con tallos fuertes y leñosos

mostaza dijon,
1 cucharadita

aceite de oliva extra virgen,
⅓ taza

vinagre de jerez,
1 cucharada

sal de mar y pimienta recién molida

jitomates cereza, 375 g (12 oz)

RINDE 4 PORCIONES

elote en crema con chile chipotle

elote amarillo dulce fresco,
6 mazorcas

mantequilla sin sal,
2 cucharadas

cebolla blanca, ½,
ffinamente picada

**chiles chipotle en salsa de
adobo,** 2, sin semillas y
finamente picados, más 1
cucharita de salsa de adobo

orégano mexicano seco,
1 cucharadita

azúcar, ½ cucharadita

**sal de mar y pimienta
recién molida**

crema espesa, ¾ taza

RINDE 4 PORCIONES

Retire las hojas y los hilos de seda de los elotes. Usando un chuchillo grande y filoso corte cada elote transversalmente a la mitad. Trabajando con una mitad a la vez, colóquela en la tabla de picar sobre su superficie plana y desgrane. Pase los granos a un tazón. Usando la parte sin filo del cuchillo raspe cuidadosamente la pulpa húmeda del elote sobre el tazón.

En una sartén grande, sobre fuego medio, derrita la mantequilla. Agregue la cebolla y saltee de 5 a 6 minutos, hasta que esté suave y translúcida. Agregue los chiles chipotle, salsa de adobo, granos de elote con pulpa, orégano y azúcar. Vierta ½ taza de agua y agregue una pizca generosa de sal y otra de pimienta. Deje hervir la mezcla, reduzca el fuego a bajo, tape y cocine durante 10 minutos, moviendo ocasionalmente, hasta que los granos de elote estén suaves pero todavía un poco crujientes. Destape y cocine de 2 a 3 minutos, hasta que el agua se evapore.

Añada la crema a la sartén, suba el fuego a medio-bajo y cocine de 2 a 3 minutos, hasta que el líquido esté lo suficientemente espeso para cubrir la parte posterior de una cuchara. Pruebe y rectifique la sazón.

Pase la mezcla de elote a un platón de servicio y sirva inmediatamente.

El elote de verano naturalmente dulce, contrasta perfectamente con ingredientes picantes y ahumados como los chiles chipotle que se usan aquí. La crema espesa, rica y sedosa le da una dulzura complementaria y una riqueza agradable al platillo evitando que el picor de los chiles opaque a los demás ingredientes.

El miso es para la cocina japonesa lo que la mostaza es para la cocina francesa, un ingrediente versátil para salsas, marinadas y glaseados. En la siguiente receta, el miso le da vida a un glaseado dulce que incrementa el delicado sabor de la berenjena asiática.

berenjena asiática asada con glaseado de miso

El jengibre, el ajo y las cebollitas son ingredientes fundamentales en la cocina asiática. Juntos ofrecen una base de sabor en la que otros ingredientes se pueden poner en capas como en esta receta el sabroso miso, la picante salsa de pimienta y el vinagre ácido de arroz. La esbelta berenjena asiática cortada longitudinalmente, ofrece una superficie que puede absorber la salsa de miso y en la que puede penetrar el humo del asador.

En una licuadora mezcle el jengibre, ajo, miso, salsa picante, vinagre, azúcar, mirin y una cucharada de agua. Licúe hasta obtener un puré terso

Corte cada berenjena a la mitad a lo largo y espolvoree con sal y pimienta. Usando una brocha barnice ligeramente con aceite las berenjenas por todas partes.

Diez o veinte minutos antes de servir la berenjena, prepare el asador de carbón o gas para asar directamente a fuego medio alto. Ponga en el asador las mitades de berenjena con el lado cortado hacia abajo de 6 a 8 minutos, tape el asador y cocine hasta que la piel empiece a chamuscarse y suavizarse. Voltee la berenjena y cocine tapada de 3 a 4 minutos más, hasta que esté lo suficientemente suave. Usando la brocha barnice los lados cortados de la berenjena con la mezcla de miso y cocine de 3 a 4 minutos tapada, hasta que la berenjena esté suave y el glaseado esté dorado en algunas partes.

Corte las cebollitas de cambray diagonalmente en rebanadas de 6 mm (¼ in). Pase la berenjena a un platón de servir caliente, espolvoree con las cebollitas rebanadas y sirva inmediatamente.

jengibre fresco, una pieza de aproximadamente 6 mm (¼ in), sin piel y picado grueso

ajo, 1 diente, picado grueso

miso blanco, ¼ taza

salsa picante de pimienta roja como la sriracha, ½ cucharadita

vinagre de arroz, 2 cucharadas

azúcar, 2 charaditas

mirin, 1 cucharada

berenjena asiática, 4

sal de mar y pimienta recién molida

aceite de canolal

cebollitas de cambray, 3

RINDE 4 PORCIONES

otoño

tortitas de papa y apio nabo

papas russet, 2 pequeñas
(aproximadamente 500
g/1 lb en total)

apio nabo, 1
(aproximadamente 250 g
/½ lb)

**chalote, 1, finamente
picado**

huevos, 2

harina, 2 cucharadas

**sal de mar y pimienta
recién molida**

aceite de canola

sal de mar gruesa

RINDE DE 4 A 6 PORCIONES

Retire la piel de las papas y del apio nabo. Usando un procesador de alimentos con el aditamento para rallar las verduras tipo juliana, ralle las papas y el apio nabo. (También puede rallar las verduras usando las perforaciones grandes de un rallador manual). Forre un colador con manta de cielo o con una toalla de cocina delgada. Pase las papas y el apio nabo al colador preparado, ponga sobre un tazón y gire la manta de cielo formando una bolsa apretada. Exprima el líquido de la bolsa. Deje que las verduras escurran durante 15 minutos. Exprima la bolsa una vez más. Retire cuidadosamente el líquido claro del tazón y deseche dejando únicamente la sustancia blanca almidonada que queda en el fondo del tazón.

Agregue el chalote, huevos, harina, 1 ½ cucharadita de sal y la misma cantidad de pimienta al tazón y bata con un tenedor hasta mezclar. Agregue las papas y el apio nabo ralladas, mueva para mezclar.

Precaliente el horno a 100°C (200°F). Forre una charola para hornear con toallas de papel.

Caliente una sartén antiadherente grande con borde alto sobre fuego medio-alto. Vierta la cantidad suficiente de aceite como para obtener una profundidad de 6 mm (¼ in). Cuando el aceite empiece a brillar agregue cuidadosamente una cucharada copeteada de la mezcla de papa en la sartén, continúe con el resto de la mezcla dejando una separación de aproximadamente 2.5 cm (1 in) entre las porciones. Usando una espátula presione ligeramente las tortitas para aplanarlas, cocine de 3 a 4 minutos de cada lado, volteando una vez, hasta que estén doradas y crujientes. Pase las tortitas a la charola preparada y mantenga calientes en el horno. Repita la operación hasta terminar con la mezcla restante.

Espolvoree las tortitas con sal de mar gruesa y sirva de inmediato.

Las crujientes y saladas tortitas de papa se renuevan con el ácido apio nabo que le da un giro único a este clásico platillo. Elija sal de mar de alta calidad para espolvorear ya que va a proporcionar un agradable sabor a salmuera y una crujiente textura adicional a las tortitas.

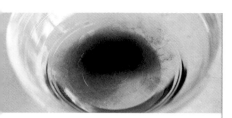

salteado de brócoli con nueces de la India y salsa de soya

La salsa de soya oscura tiene una consistencia tipo melaza que hace que este platillo se vuelva más dulce y copioso. El mirin le proporciona brillo, la salsa de ostiones un rico sabor intrigante y las nueces de la India un delicioso sabor a nuez. Juntos crean una forma sabrosa para animar a las florecillas de brócoli, agradablemente amargas, en un rápido salteado.

Precaliente el horno a 185°C (375°F).

En una charola para hornear con borde ponga las nueces de la India. Tueste en el horno de 6 a 8 minutos, hasta que aromaticen y adquieran una o dos tonalidades más oscuras. Pase a un plato y deje enfriar.

En un tazón pequeño mezcle el caldo, salsa de ostión, salsa de soya oscura y mirin. Mezcle hasta integrar, añada la fécula de maíz y bata para disolver.

En un wok o una sartén grande para freír, sobre fuego medio-alto, caliente el aceite. Cuando el aceite esté caliente y brillante añada el brócoli. Cocine cerca de 3 minutos, revolviendo y moviendo constantemente, hasta que el brócoli esté cubierto de aceite y tenga un vibrante color verde. Agregue el ajo y cocine, moviendo, durante un minuto. Añada la mezcla de la salsa de soya, hierva y cocine durante 4 minutos, moviendo hasta que la salsa se espese y el brócoli esté suave pero crujiente.

Agregue las nueces de la India y mezcle. Pase la mezcla de brócoli a un platón para servir precalentado y sirva de inmediato.

nueces de la India, ⅓ taza

caldo de pollo bajo en sodio, ½ taza

salsa de ostiones, 2 cucharadas

salsa de soya oscura, 2 cucharadas

mirin, 2 cucharadas

fécula de maíz, 1 cucharadita

aceite de canola, 2 cucharadas

brócoli, 1 manojo (aproximadamente 500 g/1 lb), cortado en flores de 2.5 cm (1in)

ajo, 1 diente, finamente picado

RINDE 4 PORCIONES

Los betabeles tienen un distintivo sabor que evoca la tierra fresca en la que crecieron. Realmente destacan en recetas que utilizan ingredientes contrastantes e intensamente sazonados como el queso de cabra a las hierbas que aquí los adorna.

betabel asado con naranja y queso de cabra a las hierbas

Un trío de hierbas frescas acentúa el sabor ácido del suave queso de cabra. Cucharadas de la mezcla compensan agradablemente la ensalada de betabeles recién cosechados cuyo sabor natural se vuelve aún más intenso cuando se asan en el horno caliente. El jugo de los betabeles se mezcla con el ácido jugo fresco de la naranja para formar un colorido aderezo que une todos los sabores.

Precaliente el horno a 200°C (400°F).

Ralle finamente la cáscara de la naranja y reserve. Parta la naranja a la mitad, ponga una mitad en un refractario lo suficientemente grande para darle cabida en una sola capa junto con los betabeles. Añada los betabeles y rocíe con 2 cucharadas del aceite. Agregue los dientes de ajo, espolvoree ligeramente con sal y pimienta y mezcle. Tape el refractario con papel aluminio y ase en el horno cerca de 45 minutos, hasta que los betabeles se sientan suaves al picarlos con un cuchillo filoso.

En un tazón pequeño mezcle el queso de cabra, cebollín, perejil, estragón, una pizca de sal y otra de pimienta. Refrigere hasta el momento de servir.

Retire los betabeles del horno y deje enfriar. Usando el lado sin filo de un cuchillo mondador raspe cuidadosamente la piel de los betabeles y deseche. Corte los betabeles en rebanadas de 6 mm (¼ in) de grueso. Acomode las rebanadas sobre un platón. Reserve el líquido de cocimiento.

Cubra un colador con una toalla de papel húmeda y coloque sobre un tazón. Vierta el líquido de cocimiento en el colador, exprimiendo la mitad de naranja para soltar su jugo. Bata integrando la cucharada de aceite restante y el jugo de la otra mitad de naranja para hacer el aderezo. Pruebe y rectifique la sazón. Deje el aderezo enfriar a temperatura ambiente.

Rocíe los betabeles ligeramente con el aderezo, espolvoree con un poco de sal y de pimienta. Cubra los betabeles con cucharadas pequeñas del queso de cabra a las hierbas, adorne con la ralladura de naranja y sirva de inmediato.

naranja, 1

betabeles, 6 (aproximadamente 750 g/1 ½ lb en total), en diferentes colores, sin hojas

aceite de oliva extra virgen, 3 cucharadas

ajo, 2 dientes

sal de mar y pimienta recién molida

queso de cabra fresco, 60 g (2 oz)

cebollín fresco, 1½ cucharadita, finamente picado

perejil liso fresco, 1½ cucharadita, finamente picado

estragón fresco, ½ cucharadita, finamente picado

RINDE 4 PORCIONES

puré de papas con wasabe y cebollín

papas russet, grandes
(aproximadamente 1 ½
kg/3 ½ lb en total)

**sal de mar y pimienta
recién molida**

mantequilla sin sal,
4 cucharadas

crema espesa, ½ taza

leche, ½ taza

wasabe en pasta o polvo,
de 2 a 3 cucharaditas

cebollín fresco, ¼ taza,
finamente picado

RINDE 4 PORCIONES

Retire la piel de las papas, corte en cuarterones y ponga en una olla. Agregue suficiente agua fría para cubrirlas y una generosa pizca de sal. Lleve a ebullición sobre fuego alto, reduzca el fuego, cocine durante 20 ó 30 minutos, hasta que las papas se sientan suaves al picarlas con un cuchillo pero que no se desbaraten.

Mientras tanto, en una olla pequeña, sobre fuego medio-bajo, caliente la mantequilla, crema y leche, moviendo para derretir la mantequilla. Agregue 2 cucharaditas de la pasta de wasabe y una pizca de sal y otra de pimienta; mezcle hasta integrar por completo. Pruebe y rectifique la sazón añadiendo una cucharadita adicional de pasta de wasabe si prefiere un sabor más atrevido y picante.

Escurra las papas y vuelva a colocarlas en la olla caliente. Coloque sobre fuego medio y cocine durante 1 ó 2 minutos para eliminar la humedad restante. Pase las papas al tazón de una batidora de mesa usando el accesorio de pala y mezcle a velocidad baja para solamente desbaratarlas. Aumente la velocidad gradualmente a media y continúe mezclando. Cuando las papas estén casi tersas apague la batidora y añada la mitad de la mezcla de leche tibia. Mezcle a velocidad media hasta obtener una consistencia cremosa agregando más de la mezcla de leche si fuera necesario.

Integre el cebollín con el puré, pruebe y rectifique la sazón con sal y pimienta. Sirva inmediatamente.

La potente pasta de wasabe eleva un simple puré de papas a algo realmente especial: solamente un par de cucharaditas le añaden fuego al puré. El cebollín, con su sabor a cebolla, agrega más sabor así como un vibrante color verde. La crema espesa y la mantequilla sedosa ayudan a que todos los ingredientes destaquen.

Popular en la cocina del sur de Italia, el brócoli rabé o rapini tiene un agradable sabor amargo. Las anchoas enlatadas en aceite, otro ingrediente regional, ayudan a balancear el sabor fuerte de la verdura con su especial sabor salado, carnoso y anuezado.

brócoli rabé salteado con ajo, anchoas y hojuelas de chile rojo

brócoli rabé, 1 manojo (aproximadamente 750 g/1½ lb)

aceite de oliva extra virgen, ¼ taza más el necesario para rociar

ajo, 2 dientes, finamente picados

filetes de anchoa enlatados en aceite, 2, finamente picados

hojuelas de chile rojo, ½ cucharadita

sal de mar y pimienta recién molida

limón amarillo, 1

RINDE 4 PORCIONES

En una olla grande, sobre fuego alto, hierva agua con sal. Llene las dos terceras partes de un tazón grande de agua con hielos.

Recorte los tallos duros del brócoli rabé y retire y deseche las hojas marchitas. Corte las hojas y los tallos en piezas entre 2.5 y 5 cm (1-2 in). Añada el brócoli al agua hirviendo, cocine durante 2 minutos. Escurra y sumerja inmediatamente en el agua con hielos. Deje reposar durante uno o dos minuto, escurra y reserve.

En una sartén grande, sobre fuego medio, caliente el aceite. Cuando esté caliente agregue el ajo, anchoas y hojuelas de chile rojo; saltee durante un minuto, hasta que el ajo aromatice. No deje dorar el ajo.

Agregue el brócoli rabé a la sartén con el agua que le haya quedado en las hojas y cocine durante 2 minutos, moviendo constantemente con unas pinzas, hasta que empiece a marchitarse. Añada una pizca generosa de sal y otra de pimienta, revuelva y reduzca el fuego a medio-bajo. Hierva lentamente durante 3 minutos más, hasta que el brócoli rabé esté suave pero crujiente.

Pase la mezcla de brócoli rabé a un platón de servicio precalentado. Parta el limón a la mitad, exprima el jugo de una mitad sobre el brócoli rabé y rocíe con aceite. Corte la otra mitad de limón en rebanadas. Sirva el brócoli rabé de inmediato acompañando con las rebanadas de limón para que cada quien lo exprima.

Al tostar ajo con aceite de oliva se suaviza su sabor fuerte y surge su sabor natural a nuez. Aquí se combina con anchoas saladas y hojuelas de chile rojo para ayudar a controlar el ligero sabor amargo del brócoli rabé. Las anchoas italianas blancas o alici tienen un sabor salado, suave y agradable, por lo que le recomendamos usarlas en este platillo si las encuentra.

calabaza acorn asada con chipotle y cilantro

La hierba fresca de cilantro y el jugo de limón agrio penetran en la textura cremosa de la calabaza. Los picantes y ahumados chiles chipotle también son un delicioso contraste para la verdura dulce del otoño. El resultado es un platillo balanceado que no es demasiado picante y tiene muchas capas de intrigante sabor.

Precaliente el horno a 210°C (425°F).

Corte cada calabaza a la mitad, saque y deseche las semillas. Corte cada mitad en rebanadas de aproximadamente 6 mm (¾ in) de grueso.

Parta uno de los limones y exprima el jugo hacia un tazón grande. Agregue el aceite, adobo, azúcar, una pizca de sal y otra de pimienta y mezcle hasta integrar por completo. Añada las rebanadas de calabaza al tazón y mezcle para cubrir. Pase las rebanadas de calabaza con el jugo a 1 ó 2 charolas para hornear acomodándolas en una sola capa. Ase en el horno cerca de 25 minutos, volteando una vez, hasta que la calabaza esté dorada y se sienta suave al picarla con un cuchillo.

Mientras la calabaza se esté asando, retire las semillas del chile y pique finamente. Corte el limón restante en gajos.

Pase las rebanadas de calabaza a un tazón grande. Agregue el chile picado y el cilantro, mezcle para cubrir. Acomode las calabazas en un platón de servicio precalentado, adorne con los gajos de limón y sirva inmediatamente.

calabaza acorn, 2

limón agrio, 2

aceite de oliva extra virgen, 3 cucharadas

chile chipotle en adobo, 1, más 1 cucharadita de salsa de adobo

azúcar, ½ cucharadita

sal de mar y pimienta recién molida

cilantro fresco, 2 cucharadas, picado grueso

RINDE 4 PORCIONES

coliflor caramelizada con miel de abeja y páprika ahumada

aceite de oliva extra virgen, 3 cucharadas

mantequilla sin sal, 2 cucharadas

coliflor, 1 grande (aproximadamente de 1 ½ kg/3 lb), cortada en florecillas de 2.5 cm (1 in)

sal de mar y pimienta recién molida

chalote, 1, finamente picado

hojuelas de chile rojo, ¼ cucharadita

páprika dulce ahumada, ½ cucharadita

miel de abeja, 2 cucharadas

limón amarillo, ½

RINDE 4 PORCIONES

En una sartén grande, sobre fuego medio, caliente 2 cucharadas del aceite y derrita la mantequilla. Agregue las florecillas de la coliflor, espolvoree con una pizca generosa de sal y mezcle con cuidado para cubrirlas. Extienda las florecillas en una capa, cocine de 3 a 4 minutos, sin mover, hasta que la parte inferior esté ligeramente dorada. Voltee cada pieza y cocine de 3 a 4 minutos, sin tocar, hasta que estén uniformemente doradas. Repita la operación de 3 a 5 minutos más, hasta que todos los lados estén dorados uniformemente.

Añada a la sartén la cucharada restante de aceite, chalote, hojuelas de chile rojo y páprika. Cocine de 2 a 3 minutos, moviendo ocasionalmente, hasta que el chalote se suavice. Agregue la miel de abeja y 2 cucharadas de agua; saltee de 2 a 3 minutos, hasta que el líquido se reduzca a un glaseado. Exprima el jugo del limón sobre la coliflor, mezcle y cocine durante 30 segundos. Retire del fuego. Pruebe y rectifique la sazón con sal y pimienta.

Pase la coliflor a un tazón precalentado y sirva de inmediato.

El cocinar la coliflor en una sartén muy caliente hasta dorar provoca una dulzura natural que no se encuentra generalmente en los platillos hechos con coliflor. Este sabor, similar al de caramelo oscuro, aumenta con el glaseado de miel y se enfatiza con la páprika ahumada, las hojuelas de chile picante y el jugo fresco del limón ácido.

zanahorias glaseadas con cilantro

Las semillas de cilantro ligeramente tostadas dan a este platillo un toque de sabor a limón, salvia y alcaravea. El cilantro, la hierba fresca que nace de las semillas del cilantro, añade una frescura adicional y resalta el glaseado de miel y limón que cubre al sabor naturalmente dulce de las zanahorias.

Retire la piel de las zanahorias y corte en rebanadas diagonales de aproximadamente 6 mm (¼ in) de grueso.

En una sartén pequeña, sobre fuego medio, tueste las semillas de cilantro alrededor de un minuto, moviendo la sartén ocasionalmente, hasta que aromaticen y las semillas estén una o dos tonalidades más oscuras. Retire la sartén del fuego, pase las semillas a un molino de especias o molcajete con su mano y muela hasta obtener un polvo fino.

En una sartén, sobre fuego medio, derrita la mantequilla. Agregue las semillas de cilantro molidas y cocine durante un minuto, moviendo ocasionalmente, hasta que aromaticen. Exprima el jugo de la mitad de limón hacia la sartén, añada la miel, ⅔ taza de agua y saltee durante un minuto. Agregue las zanahorias, una pizca de sal y otra de pimienta y mezcle hasta integrar. Suba el fuego a medio-alto, cocine entre 12 y 15 minutos, moviendo ocasionalmente, hasta que las zanahorias estén suaves y el líquido se haya reducido a un glaseado. Si las zanahorias todavía no están suaves después de que el líquido se haya consumido, agregue un poco más de agua a la sartén y continúe cocinando.

Integre el cilantro a las zanahorias, pruebe y rectifique la sazón. Pase a un platón de servicio precalentado y sirva de inmediato.

zanahorias, de preferencia una combinación de colores, 1 kg (2 lb)

semillas de cilantro enteras, 1 cucharadita

mantequilla sin sal, 4 cucharadas

limón amarillo, ½

miel de abeja, 3 cucharadas

sal de mar y pimienta recién molida

cilantro fresco, 2 cucharadas, picado grueso

RINDE 4 PORCIONES

Los frijoles cranberry, con sus manchas brillantes de color rosa y blanco, son un festín para la vista así como para el paladar. Su sabor suave, al igual que el de muchos frijoles molidos, se complementa de maravilla con el tocino ahumado. Las variedades gruesas de tocino proporcionan mayor impacto.

frijoles tiernos con calabaza babutternut, tocino y salvia

La salvia fresca acompaña agradablemente a una variedad de ingredientes otoñales como son estos cubos de dulce calabaza butternut de textura cremosa y los frijoles tiernos de sabor natural. Las nueces tostadas y el tocino salado ofrecen sabores y texturas contrastantes que son bien recibidos para perfeccionar el platillo.

Precaliente el horno a 185°C (375°F).

Coloque las nueces en una charola para hornear con borde. Tueste en el horno durante 6 u 8 minutos hasta que aromaticen y oscurezcan ligeramente. Pase a un plato para enfriarlas.

En una olla grande sobre fuego alto, hierva agua. Agregue los frijoles al agua hirviendo, reduzca el fuego a medio y hierva lentamente durante 25 ó 30 minutos, hasta que los frijoles estén suaves pero no se desbaraten. Asegúrese de que el agua siempre esté aproximadamente 2.5 cm (1 in) más arriba que los frijoles. Escurra los frijoles y reserve.

Retire la piel de la calabaza, corte longitudinalmente a la mitad, saque y deseche las semillas. Corte la carne de la calabaza en cubos de aproximadamente 1 cm (½ in).

Caliente una sartén antiadherente sobre fuego medio. Añada las rebanadas de tocino, cocine entre 7 y 9 minutos, volteando una vez, hasta que estén doradas y crujientes. Pase el tocino a toallas de papel para escurrir. Retire la grasa del tocino de la sartén reservando una cucharada. Cuando el tocino se haya enfriado corte transversalmente en piezas de alrededor de 6 mm (¼in).

Vuelva a colocar la sartén en la estufa sobre fuego medio-alto. Agregue la calabaza y cocine de 5 a 7 minutos, moviendo frecuentemente, hasta que esté ligeramente dorada y se sienta suave al picarla con un cuchillo filoso. Añada la salvia y los frijoles, rocié con aceite y espolvoree con sal y pimienta. Cocine cerca de un minuto, moviendo frecuentemente, hasta que los frijoles se calienten completamente y se integren los sabores. Agregue el tocino y las nueces.

Pase la mezcla a un platón de servicio precalentado y sirva de inmediato.

nuez, ¼ taza

frijoles tiernos como los frijoles cranberry o pinto, 500 g (1 lb), sin vaina

calabaza butternut, 1 pequeña (aproximadamente 750 g/ 1½ lb)

tocino de alta calidad en rebanadas gruesas, 2 rebanadas

salvia fresca, 1½ cucharada, finamente picada

aceite de oliva extra virgen, para rociar

sal de mar y pimienta recién molida

RINDE 4 PORCIONES

hongos y papas gratinadas con tomillo y queso parmesano

mantequilla sin sal,
1 cucharada más la
necesaria para engrasar

crema espesa, 1½ taza

ajo, 1 diente, finamente
rebanado

tomillo fresco, 3 ramas,
más 1 ½ cucharadita
finamente picado

**sal de mar y pimienta
recién molida**

papas yukon gold,
1 kg (2 lb)

aceite de oliva extra virgen,
1 cucharada

**hongos silvestres y
cultivados mixtos,** 1 500 g
(1 lb), sin los tallos duros y
finamente rebanados

queso parmesano,
4 cucharadas, rallado

RINDE DE 4 A 6 PORCIONES

Precaliente el horno a 185°C (375°F). Engrase con mantequilla un refractario cuadrado de aproximadamente 20 cm (8 in).

En una olla mezcle la crema, ajo, ramas de tomillo, una pizca de sal y otra de pimienta. Lleve a ebullición sobre fuego medio y cuando suelte el hervor retire del fuego y reserve.

Retire la piel de las papas y usando una mandolina o un cuchillo muy filoso corte en rebanadas de aproximadamente 3 mm (⅛ in) de grueso. Integre cuidadosamente las rebanadas de papas a la mezcla de la crema, cubra y deje reposar mientras cocina los champiñones.

En una sartén, sobre fuego medio, caliente el aceite de oliva y derrita una cucharada de mantequilla. Agregue los hongos y una pizca de sal; saltee entre 7 y 9 minutos, hasta que el líquido de los hongos se haya evaporado. Añada el tomillo picado y una pizca de pimienta, cocine durante un minuto.

Acomode una tercera parte de las rebanadas de papa en el fondo del refractario preparado sobreponiéndolas ligeramente. Espolvoree con un poco de sal y pimienta y una cucharada de parmesano. Extienda la mitad de los hongos sobre las papas y espolvoree con una cucharada más de parmesano. Repita estas capas, usando la mitad de las papas restantes y todos los hongos restantes; espolvoreando con sal, pimienta y una cucharada de parmesano entre las capas de verduras. Cubra con las papas restantes y espolvoree con sal y pimienta. Usando una espátula grande y plana presione cuidadosamente las verduras para compactarlas. Vierta la mezcla de crema a través de un colador sobre el refractario y espolvoree con la cucharada restante de parmesano.

Cubra el refractario con papel aluminio y hornee cerca de 45 minutos, hasta que las papas se sientan suaves al picarlas con un cuchillo filoso. Retire el papel aluminio y hornee cerca de 20 minutos más, hasta que la mezcla burbujee y esté dorada. Deje reposar el gratinado durante 10 minutos y con ayuda de una espátula con borde filoso corte en cuadros y sirva inmediatamente.

Usando una combinación de hongos silvestres y cultivados, como los chanterelle, cremini y champiñones blancos, le da a este gratín un profundo sabor natural que aumenta la textura cremosa de las papas yukon gold. El sabroso ajo, la suntuosa crema, el aromático tomillo y el salado queso parmesano le dan otra dimensión a este platillo.

Durante los meses de otoño se pueden encontrar zanahorias en un arco iris de colores y gran variedad de formas en el mercado local. Al mezclarlas con otros tubérculos y asarlas con el vigoroso polvo de curry convierten a las papas asadas a las hierbas en un exótico platillo.

tubérculos asados con curry hindú y cilantro

zanahorias,
5 (aproximadamente 500
g/1 lb en total)

pastinaca, 2 ó 3
(aproximadamente 500
g/1 lb en total)

nabo, 1 or 2
(aproximadamente 500
g/1 lb en total)

cebolla morada, 1 grande

curry madras en polvo,
1½ cucharadita

aceite de oliva extra virgen,
¼ taza

**sal de mar y pimienta
recién molida**

ajo, 8 dientes grandes

cilantro fresco,
3 cucharadas, picado
grueso

RINDE 4 PORCIONES

Precaliente el horno a 250°C (500°F).

Retire la piel de las zanahorias, pastinaca y nabos y corte las verduras en piezas de aproximadamente 2.5 cm (1 in). Corte la cebolla en trozos de aproximadamente 5 cm (2 in).

En una sartén, sobre fuego medio, tueste el curry en polvo alrededor de un minuto, moviendo la sartén ocasionalmente, hasta que aromatice. Retire la sartén del fuego y pase el curry inmediatamente a un tazón grande. Integre el aceite, una generosa pizca de sal y otra de pimienta. Agregue las zanahorias, pastinaca, nabos, cebolla y ajo; mezcle para cubrir.

Acomode las verduras en una sola capa sobre 1 ó 2 charolas para hornear con borde. Ase las verduras alrededor de 30 minutos, volteando una vez después de 15 minutos, hasta que se sientan suaves al picarlas con un cuchillo filoso.

Pase las verduras asadas a un platón de servicio precalentado, espolvoree con el cilantro y mezcle cuidadosamente hasta integrar. Sirva de inmediato.

Al tostar curry en polvo y luego mezclar con aceite intensifica su variado sabor que contrasta amablemente con los tubérculos, los cuales se asan en un horno caliente para extraer su dulzura natural. Una espolvoreada de delicioso cilantro proporciona un ingrediente refrescante a este platillo.

invierno

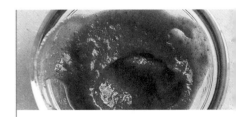

papas picantes asadas con salsa de yogurt frío

aceite de canola, ¼ taza

papas russet, 1 ½ kg (3 lb)

salsa harissa preparada,
2 cucharadas

pimienta de cayena,
¼ cucharadita

semillas de ajonjolí,
1 cucharada

**sal de mar y pimienta
negra recién molida**

yogurt simple tipo griego,
1 taza

menta fresca, las hojas de
½ manojo

limón amarillo, ½

RINDE 4 PORCIONES

Precaliente el horno a 210°C (425°F). Rocíe el aceite en el fondo de una charola para hornear y meta al horno mientras éste se calienta.

Retire la piel de las papas, corte en trozos de 5 cm (2 in). En un tazón grande mezcle la harissa con la pimienta de cayena, semillas de ajonjolí y una cucharadita de sal. Agregue las papas y mezcle para cubrir.

Cuando la charola para hornear esté caliente sáquela del horno y añada las papas, moviéndolas cuidadosamente para cubrirlas con el aceite. Acomode las papas dentro de la charola en una sola capa. Ase durante 25 ó 30 minutos, hasta que la parte inferior de las papas esté ligeramente dorada. Usando una espátula de metal voltee las papas y ase cerca de 15 minutos más, hasta que estén suaves por dentro y doradas y crujientes por fuera.

Mientras las papas se están asando ponga el yogurt en un tazón pequeño. Corte la menta en listones delgados e integre al yogurt. Exprima el jugo de la mitad del limón sobre el yogurt y mezcle hasta integrar por completo. Pruebe y rectifique la sazón con sal y pimienta negra.

Pase las papas asadas a un platón precalentado y sirva de inmediato acompañando con la salsa de yogurt para remojarlas en ella.

La salsa harissa del norte de África realza los simples trozos de papas russet con su picante y exótico sabor. La pimienta de cayena añade otra capa de picor y las semillas de ajonjolí tostadas con su sabor a nuez, le dan un tono dorado a las verduras. Para contrarrestar la audacia de las papas, éstas se sumergen en una refrescante y cremosa salsa ácida de yogurt estilo griego enriquecida con jugo de limón y menta fresca.

estofado de col con frijoles blancos y jamón ahumado

El jamón de buena calidad proporciona un sabor a carne ahumada que hace que este rápido platillo de apimentada col italiana o cavalo nero parezca un estofado de lento cocimiento.

Los cremosos frijoles y el leñoso romero fresco se mezclan para crear un sustancioso platillo que incluso se puede servir como plato principal.

Retire los tallos y nervadura de las hojas de col y deseche. Trocee en piezas de 5 cm (2 in). Escurra los frijoles, enjuague y escurra una vez más.

En una sartén, sobre fuego medio-bajo, caliente el aceite. Cuando el aceite esté caliente agregue el ajo y saltee durante un minuto, hasta que esté ligeramente dorado. Agregue el jamón y saltee durante un minuto más. Añada la col, tape la sartén y cocine de 2 a 3 minutos, moviendo ocasionalmente, hasta que las hojas empiecen a marchitarse. Integre el caldo y una pizca de sal y otra pizca de pimienta; cocine durante 4 ó 5 minutos, hasta que las hojas estén suaves y el líquido casi se haya evaporado.

Agregue los frijoles y el romero a la sartén y suba el fuego a medio-alto. Cocine durante 2 ó 3 minutos, moviendo cuidadosamente hasta que los frijoles estén calientes. Pruebe y rectifique la sazón. Sirva de inmediato.

col rizada negra, 2 manojos, cerca de ½ kg (1 lb)

frijoles cannellini, 1 lata (500 g/15 oz)

aceite de oliva extra virgen, 2 cucharaditas

ajo, 2 dientes, finamente picados

jamón ahumado tipo black forest, 120 g (4 oz), partido en cubos

caldo de pollo bajo en sodio, ½ taza

sal de mar y pimienta recién molida

romero fresco, ½ cucharadita, finamente picado

RINDE 4 PORCIONES

Las colecitas de Bruselas más frescas que se pueden encontrar en los mercados en otoño e invierno, todavía están sujetas a sus tallos gruesos. Las nueces son el clásico acompañamiento para esta verdura y las castañas, con su dulce sabor y textura carnosa, son una exquisita elección.

colecitas de bruselas glaseadas con vinagre y castañas con aceite de nuez

colecitas de Bruselas,
½ kg (1 lb)

aceite de oliva extra virgen,
1 cucharada

**sal de mar y pimienta
recién molida**

mantequilla sin sal,
1 cucharada

**caldo de pollo bajo en
sodio,** 1 taza

castañas cocidas al vapor,
½ taza (aproximadamente
90 g/3 oz), toscamente
picadas

azúcar morena clara,
1 cucharada

vinagre de vino tinto,
2 cucharadas

aceite de nuez asada,
2 cucharaditas

RINDE 4 PORCIONES

Corte las bases de las colecitas de Bruselas; retire y deseche las hojas maltratadas o decoloradas.

En una sartén grande, sobre fuego medio, caliente el aceite de oliva. Cuando el aceite esté caliente agregue las colecitas de Bruselas en una sola capa y espolvoree ligeramente con sal. Cocine cerca de 4 minutos, moviendo una o dos veces, hasta que las colecitas estén doradas y caramelizadas por todos lados.

Suba el fuego a medio-alto, añada la mantequilla, caldo y castañas a la sartén. Deje hervir y usando una pala de madera raspe los trocitos dorados del fondo de la sartén. Reduzca el fuego a medio-bajo, hierva a fuego lento durante 20 ó 22 minutos, tapando parcialmente la sartén, hasta que las colecitas se sientan suaves al picarlas con un cuchillo filoso y que la mayor parte de su líquido se haya evaporado.

Agregue ¼ taza de agua a la sartén, integre el azúcar y el vinagre y suba el fuego a medio-alto. Cocine durante 2 ó 3 minutos, moviendo ocasionalmente, hasta que el líquido se reduzca a un glaseado. Retire la sartén del fuego, integre el aceite de nuez moviendo. Pruebe y rectifique la sazón con sal y pimienta.

Pase a un tazón de servicio precalentado y sirva de inmediato.

En este platillo el fuerte sabor del aceite de nuez así como el dulce azúcar moreno y el ácido vinagre de vino se unen para contrarrestar la amargura de las colecitas de Bruselas, que son muy parecidas a la col. Las castañas proporcionan otra capa de sabor a nuez y una agradable textura carnosa.

puré de calabaza con jengibre y pera

El vigoroso sabor del jengibre fresco se contrapone a la dulzura de la calabaza y de la pera en este intrigante platillo de verduras. El sabor a especias del jengibre se distribuye por medio de un baño de rica mantequilla dorada con sabor a nuez, la cual se integra como remolino en el puré justo antes de servirlo y se compensa con los listones aromáticos de la salvia fresca.

Precaliente el horno a 200°C (400°F). Engrase ligeramente dos charolas para hornear con borde.

Corte la calabaza longitudinalmente a la mitad, saque las semillas y deseche. Retire la piel de las peras, parta a la mitad, retire el centro con un cuchillo mondador o con un cortador redondo para melón. Barnice los lados cortados de la calabaza y de las peras con 2 cucharadas de aceite y espolvoree ligeramente con sal y pimienta. Ponga la calabaza, con los lados cortados hacia abajo, sobre una de las charolas preparadas. Ponga las peras, con los lados cortados hacia abajo, sobre la otra charola. Cubra las dos charolas con papel aluminio y ase las peras durante 30 ó 35 minutos y la calabaza alrededor de una hora, hasta que se sienta muy suave al picarla con un cuchillo.

Ponga las peras en el tazón de una batidora de mesa adaptada con el aditamento de pala. Cuando la calabaza esté lo suficientemente fría como para tocarla, saque la carne con ayuda de una cuchara y pase al tazón con las peras. Deseche la piel de la calabaza. Mezcle a velocidad media hasta suavizar. No importa si quedan algunas piezas de pera más duras, pero la calabaza deberá estar completamente tersa.

En una olla, sobre fuego medio, derrita la mantequilla durante 4 ó 5 minutos, moviendo ocasionalmente, hasta que empiece a dorarse y huela a nuez. Integre el jengibre y la salvia; cocine durante un minuto moviendo. Retire y reserve una cucharada de la mezcla de mantequilla dorada. Agregue la mezcla de calabaza a la olla y continúe cocinando durante 3 ó 5 minutos, hasta que esté caliente. Pruebe y rectifique la sazón.

Pase a un tazón de servicio precalentado, rocíe con la mezcla de mantequilla dorada restante y sirva inmediatamente.

calabaza butternut,
1 pequeña
(aproximadamente 750 g/1
½ lb)

peras anjou o bosc firmes pero maduras, 2

aceite de oliva extra virgen,
2 cucharadas más el necesario para engrasar

sal de mar y pimienta recién molida

mantequilla sin sal,
2 cucharadas

jengibre fresco, un trozo de 1 cm (½ in), sin piel y finamente picado

salvia fresca, 6 hojas, cortadas en listones

RINDE 4 PORCIONES

La pancetta italiana sin ahumar, pero muy condimentada, tiene un sabor más puro que el del tocino ahumado. Cuando se cocinan juntos, la pancetta apimentada refrenda el sabor apimentado de las hojas de mostaza pero sigue dejando lucir el natural sabor picante de las hortalizas.

estofado de hojas de lechuga mostaza con pancetta y limón

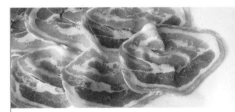

pancetta o tocino, 60 g (2 oz), picada en cubos

mantequilla sin sal, 1 cucharada

ajo, 1 diente, finamente picado

hojas de lechuga mostaza, 2 manojos (aproximadamente 1.5 kg/3 lb en total), sin tallo y picado grueso

sal de mar y pimienta recién molida

sal de mar y pimienta recién molida

caldo de pollo bajo en sodio, 1 taza

limón amarillo, ½

RINDE 4 PORCIONES

En una sartén, sobre fuego medio-alto, saltee la pancetta durante 4 ó 5 minutos, hasta que esté ligeramente dorada y crujiente. Pase a un plato forrado con una toalla de papel, escurra y reserve.

Retire la grasa de la sartén reservando una cucharada y reduzca el fuego a medio-bajo. Agregue la mantequilla. Cuando se haya derretido añada el ajo, saltee durante un minuto hasta que aromatice. Agregue las hojas de mostaza y una generosa pizca de sal y de pimienta; cocine durante 3 ó 4 minutos, moviendo ocasionalmente, hasta que las hojas empiecen a marchitarse. Agregue el caldo y cocine durante 8 ó 10 minutos, moviendo ocasionalmente, hasta que las verduras estén suaves pero todavía de color verde brillante y el líquido se reduzca a un glaseado.

Pase las verduras a un platón de servicio precalentado. Si quedó líquido de cocimiento en la sartén, hierva ligeramente hasta que tenga la consistencia de un jarabe y se haya reducido a una cucharada aproximadamente. Vierta el líquido sobre las hojas, mezcle para cubrir. Pruebe y rectifique la sazón, exprima el jugo de la mitad del limón sobre las hojas. Cubra con la pancetta crujiente y sirva de inmediato.

La salada pancetta italiana, salpicada de pimienta, contrasta y complementa el sabor apimentado de las hojas de mostaza en esta simple receta. Al estofar las hojas en caldo de pollo, le agrega riqueza y dimensión al platillo suavizando aún más cualquier dureza de las hojas. Una salpicada de jugo de limón refresca y armoniza los sabores.

achicoria asada con salsa verde estilo italiano

La achicoria de color rojo rubí es deliciosamente amarga. Al asar en rebanadas gruesas se caramelizan y endulzan las hojas externas. La salsa verde agrega un contrastante color y picor que vivifica a la achicoria. Cuando sazone la salsa verde asegúrese de probarla antes de agregar sal ya que las anchoas y las alcaparras tienen un natural sabor salado.

Retire y deseche las hojas manchadas o decoloradas de la achicoria y corte cada pieza en cuarterones. Acomode los cuartos de achicoria sobre una charola para hornear, rocíe ligeramente con aceite, espolvoree con un poco de sal y pimienta y mezcle para cubrir. Reserve.

Ralle finamente la cáscara del limón, corte el limón a la mitad y exprima el jugo de una mitad hacia un tazón pequeño. Reserve la mitad restante.

En el tazón de un procesador de alimentos mezcle la ralladura de limón con el ajo, rábano picante, alcaparras y anchoas. Procese hasta picar bien. Agregue el perejil, hojas de menta, jugo de limón y 2 cucharadas del aceite. Pulse hasta que la mezcla forme un puré grueso. Con el motor encendido vierta lentamente las 6 cucharadas restantes de aceite y pulse hasta obtener una mezcla tersa con la consistencia de una salsa de pesto. Pase la mezcla a un tazón, pruebe y rectifique la sazón. Si lo desea, agregue un poco más de jugo de limón.

Caliente sobre la estufa a fuego medio una sartén o parrilla acanalada. Cuando esté caliente añada las rebanadas de achicoria en una sola capa y cocine durante 2 ó 3 minutos por cada lado, hasta que se empiecen a marchitar y caramelizar. Pase a un platón de servicio y rocíe con la salsa verde. Sirva caliente o a temperatura ambiente.

achicorias treviso, 4 piezas

aceite de oliva extra virgen, 8 cucharadas más el necesario para rociar

sal de mar y pimienta recién molida

limón amarillo, 1

ajo, 2 dientes, machacado

rábano picante preparado, 1 cucharadita

alcaparras, 2 cucharadas

filetes de anchoa enlatados en aceite, de preferencia italianos, 2

perejil liso fresco, hojas de 1 manojo

menta fresca, hojas de ½ manojo

RINDE 4 PORCIONES

estofado de verduras de invierno con coco y curry rojo

aceite de canola,
2 cucharaditas

ajo, 1 diente, finamente picado

jengibre fresco, un trozo de aproximadamente 6 mm (¼ in), sin piel y rallado

pasta de curry rojo,
2 cucharaditas

salsa de pescado tai,
1 cucharadita

camote,
(aproximadamente 250 g/½ lb), sin piel y cortado en trozos de 1 cm (½ in)

apio nabo, ,
(aproximadamente 250 g/½ lb), sin piel y cortado en trozos de 1 cm (½ in)

leche de coco sin endulzar,
3 tazas

calabaza delicada (cruza entre calabaza y camote),
1 aproximadamente 250 g (½ lb)

limón agrio, 1

cilantro fresco, 8 ramas

RINDE 4 PORCIONES

En una olla, sobre fuego medio, caliente el aceite. Cuando el aceite esté caliente agregue el ajo y el jengibre, saltee cerca de un minuto hasta que aromatice pero que no se dore. Añada la pasta de curry y cocine moviendo durante un minuto. Agregue la salsa de pescado, camote y apio-nabo, mezcle. Reduzca el fuego a medio-bajo, integre la leche de coco y cocine durante 10 minutos moviendo ocasionalmente. Añada la calabaza y cocine entre 12 y 15 minutos, hasta que las verduras se sientan suaves al picarlas con un cuchillo filoso pero que no se desbaraten.

Mientras las verduras se están cociendo ralle finamente la cáscara del limón y corte el limón en rebanadas. Integre la ralladura con las verduras.

Divida las verduras y el líquido del estofado entre los tazones precalentados, cubra cada uno con 2 ramas de cilantro y una rebanada de limón. Sirva inmediatamente.

La leche de coco añade riqueza y un exótico sabor a estas cremosas verduras estofadas. Su ligera dulzura redunda la de los dos tubérculos y la de la calabaza mientras compensa el sabor a especias de la pasta de curry rojo, a la picante salsa de pescado asiática y al limón y al cilantro que sazonan el caldo.

La dulce pastinaca con su ligero sabor a nuez frecuentemente queda eclipsada por las populares zanahorias y papas. Pero asada y preparada con otros ingredientes con sabor a nuez como la mantequilla dorada y las avellanas tostadas, se convierte en una sabrosa e inesperada guarnición.

pastinaca y camote con avellana y mantequilla dorada

avellanas, 3 cucharadas, picadas grueso

aceite de canola, 3 cucharadas

pastinaca, 2 (aproximadamente ½ kg/1 lb en total)

camote, 1 (aproximadamente ½ kg/1 lb)

sal de mar y pimienta recién molida

mantequilla sin sal, 2 cucharadas

tomillo fresco, 1 cucharadita, finamente picado

RINDE 4 PORCIONES

En una pequeña sartén seca, sobre fuego medio-bajo, tueste las avellanas durante 3 ó 5 minutos hasta que aromaticen y se doren. Mientras las avellanas están todavía calientes envuélvalas en una toalla limpia de cocina. Frote las avellanas vigorosamente para retirar la piel; no importa si quedan algunos trocitos de piel. Reserve.

Precaliente el horno a 210°C (425°F). Rocíe dos charolas para hornear con borde con 1 ½ cucharada del aceite en cada una. Ponga las charolas en el horno para precalentar mientras prepara las verduras.

Retire la piel de la pastinaca y del camote, corte en trozos de aproximadamente 1 cm (½ in) de grueso y entre 5 y 7.5 cm (2 – 3 in) de largo. Retire las charolas del horno, divida las verduras entre las dos charolas. Espolvoree ligeramente con sal y pimienta, mezcle las verduras para cubrirlas con el aceite caliente y acomode en una sola capa. Ase durante 10 ó 12 minutos, hasta que la parte inferior de las verduras esté dorada y crujiente. Voltee cada pieza una o dos veces y ase entre 8 y 10 minutos más, hasta que las verduras estén doradas por todos lados.

En una sartén pequeña, sobre fuego medio, caliente la mantequilla durante 3 ó 4 minutos, moviendo ocasionalmente, hasta que empiece a dorarse y a oler a nuez. Retire la sartén del fuego, integre las avellanas y el tomillo.

Pase las verduras asadas a un tazón grande, rocíe con la mezcla de la mantequilla dorada, mezcle para cubrir. Pruebe y rectifique la sazón. Sirva inmediatamente.

Las avellanas, con su intenso sabor a nuez, redundan el sabor de mantequilla cocinada cuando alcanza un rico y tostado color dorado. El profundo sabor de las avellanas tostadas y la mantequilla dorada acompaña muy bien a los tubérculos naturales cuyo alto nivel de azúcares se carameliza al asarse. Las aromáticas hojas de tomillo imparten un sabor herbáceo al platillo.

estofado de col morada con vinagre balsámico

El vinagre balsámico, con su calidad amielada y moderadamente ácida, toma el lugar del vinagre de vino tinto que es más fuerte en este nuevo giro para una receta clásica. Las manzanas verdes le proporcionan dulzura y brillantez, el vino tinto le da profundidad y la ralladura de naranja espolvoreada contribuye a la frescura de esta sustanciosa guarnición.

En una sartén grande, sobre fuego medio, caliente el aceite. Cuando el aceite esté caliente agregue la cebolla y una pizca de sal; saltee durante 5 ó 7 minutos, hasta que la cebolla esté suave y translúcida. Agregue la miel y cocine durante un minuto más. Añada las rebanadas de manzana y el vinagre, suba el fuego a medio-alto y usando una cuchara de madera raspe los trocitos dorados del fondo de la sartén. Lleve el líquido a ebullición, agregue el vino y una taza de agua. Sazone con una pizca generosa de sal y otra de pimienta y lleve a ebullición una vez más. Reduzca el fuego a medio-bajo y hierva lentamente durante 10 minutos, hasta que el líquido empiece a reducirse.

Añada la col y con ayuda de unas pinzas mueva para cubrir con el líquido de la sartén. Tape la sartén y cocine la col durante 25 ó 30 minutos, moviendo ocasionalmente, hasta que empiece a marchitarse. Destape y cocine durante 25 ó 30 minutos más, hasta que la col esté suave y la mayor parte del líquido se haya evaporado.

Pruebe y rectifique la sazón. Retire la sartén del fuego y ralle finamente la cáscara de la naranja sobre la col (reserve la fruta para otro uso). Mezcle para distribuir uniformemente la ralladura, pase la col a un tazón precalentado y sirva de inmediato.

aceite de oliva extra virgen,
3 cucharadas

cebolla amarilla,
1, rebanada finamente

sal de mar y pimienta recién molida

miel de abeja, 1 cucharada

manzana verde ácida como la granny smith, 1, partida a la mitad, descorazonada y en rebanadas delgadas

vinagre balsámico, ¼ taza

vino tinto seco como el merlot, 1 taza

col morada 1 pieza (aproximadamente 1 kg/2 lb), sin centro y cortada en tiras finas

naranja, 1

RINDE DE 4 A 6 PORCIONES

gratín individual de acelgas

mantequilla sin sal,
3 cucharadas más la
necesaria para engrasar

mejorana fresca,
½ cucharadita, finamente
picada

tomillo fresco,
½ cucharadita, finamente
picado

migas frescas de pan
(página 145), ½ taza

queso parmesano recién
rallado, 2 cucharaditas

sal de mar y pimienta
recién molida

acelgas, 2 manojos

aceite de oliva extra virgen,
1 cucharada

chalotes, 2, finamente
picados

harina de trigo,
1½ cucharada

leche entera y crema
espesa, ½ taza de cada una

nuez moscada recién
rallada, una pizca

queso gruyère o comté
francés, 50 g (1 ½ oz),
rallado

RINDE 4 PORCIONES

Precaliente el horno a 200°C (400°F). Engrase con mantequilla cuatro
ramekins o refractarios individuales con capacidad de ¾ taza.

En un tazón combine la mejorana, tomillo, migas de pan, queso
parmesano, una pizca de sal y otra de pimienta; mezcle hasta integrar por
completo. En una olla pequeña derrita una cucharada de la mantequilla,
rocíe sobre la mezcla de migas de pan y mezcle para cubrir. Reserve.

Retire los tallos de las acelgas, parta las hojas en trozos del tamaño de un
bocado. Corte y deseche la parte dura de los tallos, pique finamente los
tallos restantes hasta obtener ½ taza.

En una sartén grande, sobre fuego medio, caliente el aceite. Cuando el aceite
esté caliente agregue los chalotes, tallos de acelga y una pizca de sal; saltee
durante 5 ó 6 minutos, hasta que los chalotes estén suaves y translúcidos.
Reduzca el fuego a medio-bajo, agregue las hojas de las acelgas y mezcle para
integrar. Tape la sartén y cocine durante 2 ó 3 minutos, hasta que las hojas
empiecen a marchitarse. Destape, suba el fuego a medio y cocine durante 2 ó
3 minutos más, hasta que las hojas se marchiten y el líquido se haya
evaporado. Retire del fuego.

En una olla pequeña, sobre fuego medio, derrita las 2 cucharadas restantes
de la mantequilla. Agregue la harina y cocine batiendo constantemente
durante un minuto. Integre la leche y la crema batiendo, lleve a ebullición y
cocine hasta obtener una mezcla tersa. Reduzca el fuego a medio-bajo,
cocine durante 1 ó 2 minutos hasta espesar. Retire del fuego, añada la nuez
moscada, una pizca de sal y otra de pimienta. Integre el queso gruyère
batiendo hasta suavizar. Agregue la mezcla de las acelgas batiendo. Divida
la mezcla uniformemente entre los refractarios individuales preparados y
cubra con las migas de pan molido a las hierbas. Hornee durante 15 ó 17
minutos, hasta que las migas de pan estén ligeramente doradas y las
acelgas estén calientes y burbujeen.

Retire del horno y deje reposar durante 5 minutos. Sirva inmediatamente.

*El queso gruyère de alta
calidad tiene un cremoso
sabor a nuez y se derrite
excelentemente. En esta
receta da una tonalidad
dorada a la rica salsa blanca
que se mezcla con las acelgas
moderadamente amargas y
luego se hornea en
refractarios individuales.
Una cubierta crocante de
cremosas migas de pan
jaspeadas con queso
parmesano proporciona una
agradable textura crujiente.*

Los aceites con infusión aromática ofrecen una simple manera de agregar un sabor de alto impacto a sus platillos y añaden atrevidos acentos brillantes a las copiosas verduras del invierno. En esta receta, el aceite de chile picante le da un toque sorpresivo al ligero nabo fresco en un sencillo salteado.

bok choy miniatura sellado con aceite de chile y ajo

semillas de ajonjolí,
1 cucharada

bok choy miniatura,
4 piezas
(aproximadamente ½ kg/1
lb en total)

aceite de canola,
1½ cucharada

ajo, 3 dientes, finamente
picados

hojuelas de chile rojo,
½ cucharadita

sal de mar

**caldo de pollo bajo en
sodio,** ¼ taza

aceite de chile asiático,
2 cucharaditas

RINDE 4 PORCIONES

En una sartén seca, sobre fuego medio, tueste las semillas de ajonjolí durante 4 ó 5 minutos hasta que aromaticen y se doren. Vacíe a un plato para enfriar y reserve.

Corte la base dura de cada pieza de bok choy miniatura. Divida cada pieza en tallos individuales separando cada uno de los tallos de la base.

En un wok o una sartén grande, sobre fuego medio-alto, caliente el aceite de canola. Cuando esté caliente y brillante agregue el ajo y las hojuelas de chile rojo y cocine durante 20 ó 30 segundos, moviendo constantemente, hasta que aromatice pero no se dore. Agregue el bok choy y una pizca de sal; cocine durante 1 ó 2 minutos moviendo hasta que el bok choy empiece a marchitarse. Agregue el caldo y cocine durante 1 ó 2 minutos, moviendo ocasionalmente hasta que el bok choy esté suave y el caldo se evapore. Añada el aceite de chile, mezcle para cubrir el bok choy y retire del fuego.

Integre las semillas tostadas de ajonjolí, pase la mezcla a un tazón de servicio precalentado y sirva de inmediato.

El aceite de chile rojo picante ofrece su atrevido y puro sabor a un rápido salteado de bok choy miniatura. Acentuado con semillas de ajonjolí con sabor a nuez, fuerte ajo y picantes hojuelas de chile rojo esta guarnición enriquece a una comida de invierno.

temas básicos

Las recetas básicas que presentamos a continuación se piden en algunas de las recetas incluidas en este libro o son sustanciosas guarniciones de granos y pasta que pueden acompañar a los platillos de verduras para crear una comida completa. También en estas páginas se presentan algunas técnicas clave para cortar y picar verduras, usar una variedad de hierbas y consejos para preparar su asador de gas o de carbón. Todas ellas le ayudarán a hacer platillos que son a la vez magníficos y deliciosos.

crème fraîche

1 taza de crema espesa

1 cucharada de buttermilk o yogurt

En una olla pequeña sobre fuego medio-bajo, mezcle la crema con el buttermilk. Caliente sólo hasta que la mezcla esté tibia (no permita que la mezcla hierva). Pase la mezcla a un tazón, tape y deje reposar a temperatura ambiente por lo menos durante 8 horas y un máximo de 48 horas, hasta que espese. Refrigere hasta que esté muy fría antes de usarla. Rinde aproximadamente 1 taza.

arroz blanco cocido

1 taza de arroz blanco de grano largo

1½ taza de agua

Ponga el arroz en un colador de malla fina y enjuague bajo el chorro de agua fría hasta que el agua salga clara. Pase el arroz a una olla gruesa y añada el agua. Tape la olla, ponga sobre fuego alto y lleve a ebullición. Cuando suelte el hervor reduzca el fuego a bajo, hierva lentamente durante 20 minutos sin mover. Retire del fuego y deje reposar tapado, durante 5 minutos. Esponje el arroz usando un tenedor y sirva de inmediato. Rinde de 4 a 6 porciones.

arroz pilaf

1 cucharada de mantequilla sin sal

¼ taza de cebolla picada

1 taza de arroz blanco de grano largo

1½ taza de caldo de pollo bajo en sodio

¼ cucharadita de sal

1 cucharada de almendras fileteadas tostadas

En una olla grande sobre fuego bajo, derrita la mantequilla. Agregue la cebolla, cocine durante 8 minutos, moviendo ocasionalmente, hasta dorar. Integre el arroz a la olla y cocine durante 3 minutos. Integre el caldo de pollo y la sal.

Tape la olla y hierva a fuego lento cerca de 15 minutos, hasta que el líquido se absorba y el arroz esté suave. Deje reposar, tapado, durante 5 minutos.

Esponje el arroz usando un tenedor, integre cuidadosamente las almendras fileteadas y sirva de inmediato. Rinde de 4 a 6 porciones.

cuscús básico

2 tazas de agua

½ cucharadita de sal

2 tazas de cuscús instantáneo

En una olla pequeña sobre fuego alto, mezcle el agua y la sal, deje hervir. Integre el cuscús moviendo constantemente. Retire del fuego, tape y deje reposar durante 5 minutos. Pase a un tazón, esponje usando un tenedor y sirva inmediatamente. Rinde 4 porciones.

polenta

5 tazas de agua

1½ taza de polenta finamente molida

½ cucharadita de sal

En una olla grande sobre fuego medio-alto, hierva agua. Agregue la polenta en hilo lento y continuo, batiendo constantemente. Agregue la sal, reduzca el fuego a medio-bajo y continúe cocinando durante 20 minutos moviendo ocasionalmente, hasta que la polenta espese y se separe de los lados de la olla. Sirva inmediatamente. Rinde de 4 a 6 porciones.

preparando verduras

El primer paso para preparar la mayoría de las verduras es lavarlas. Aunque vaya a retirarles la piel es importante lavarlas primero, para que la tierra o productos químicos no pasen del pelador de verduras al interior de la verdura. Lave las verduras bajo el chorro del agua fría y deje secar o use una toalla de cocina limpia para secarlas. Los hongos absorben agua y no deberán enjuagarse. Use un cepillo suave o un trapo húmedo para limpiarlos.

desvainando frijoles y chícharos

1 Abra la vaina Tenga listo un tazón pequeño.

Trabajando con una vaina a la vez, pellizque la punta de cada lado para empezar a separar la vaina. Exprima la vaina presionando su dedo pulgar sobre la unión para abrirla.

2 Saque los frijoles o chícharos Pase su pulgar por la parte interior de la vaina para sacar los frijoles y los chícharos y déjelos caer en el tazón. Deseche la vaina. Repita la operación con las demás vainas.

cortando brócoli

1 Corte el tallo Usando un cuchillo grande para chef corte el tallo justo en donde se junta con la corona.

2 Corte el brócoli en florecillas Usando un cuchillo mondador corte la corona de brócoli en florecillas individuales, cada una de aproximadamente 2.5 cm (1 in) de largo. Si las florecillas quedan muy grandes cuando se separen del tallo, corte cuidadosamente por el lado del tallo para no dañar la corona.

cortando coliflor

1 Retire el corazón y las hojas Usando un cuchillo grande para chef corte la cabeza de la coliflor verticalmente a la mitad para llegar al corazón. Usando un cuchillo mondador descorazone y retire las hojas verde.

2 Corte la coliflor en florecillas Corte la cabeza de coliflor en florecillas, cada una de 2.5 cm (1 in) de largo. Si los tallos de las florecillas se ven duros, use un cuchillo pequeño para pelarlos.

trabajando con champiñones

1 Cepille o retire la tierra usando un trapo Usando un cepillo para hongos o un trapo húmedo cepille o retire cuidadosamente la tierra que haya quedado en los champiñones.

2 Corte los tallos Usando un cuchillo mondador corte una rebanada delgada de la base del tallo de cada champiñón y deseche. Si va a rebanar las copas retire todo el tallo.

trabajando con cebollas

1 Parta a la mitad y retire la piel de la cebolla Retire la parte del lado del tallo de la cebolla, parta longitudinalmente a la mitad desde el tallo hasta el lado de la raíz y retire la piel.

2 Haga varios cortes verticales Ponga la mitad de la cebolla con el lado plano hacia abajo sobre una tabla para picar, sujetándola cuidadosamente con las yemas de sus dedos doblados y lejos del cuchillo y haga varios cortes verticales paralelos en ángulo recto a la tabla de picar poniendo la punta del cuchillo hacia el lado de la raíz. No corte la raíz.

3 Haga varios cortes horizontales Voltee el cuchillo para que quede paralelo a la tabla de picar y perpendicular a la primera serie de cortes y haga varios cortes horizontales en la mitad de cebolla sin cortar la raíz.

4 Pique la cebolla en cubos Rebane la cebolla en sentido opuesto a los dos cortes hechos en los pasos 2 y 3

en dados pequeños Para un picado fino siga los pasos del 1 al 4 para picar cebollas en cubos haciendo todos los cortes más juntos.

finamente rebanada Para rebanar la cebolla finamente, complete el paso 1 y ponga el lado plano de la cebolla hacia abajo sobre una tabla para picar. Sujetándola cuidadosamente con las yemas de sus dedos doblados y lejos del cuchillo, corte la cebolla en rebanadas delgadas.

cortando tubérculos

1 Retire la piel del tubérculo Usando un pelador de verduras, de preferencia uno con navaja giratoria, retire la piel de la verdura.

2 Corte la verdura a la mitad Corte ambas puntas de la verdura y parta longitudinalmente a la mitad. Ponga la verdura con el lado plano hacia abajo sobre una tabla para picar.

3 Corte las mitades en trozos Varias recetas requieren cortar las verduras en trozos o piezas de 2.5 a 5 cm (1 a 2 in). Puede lograrlo al crear cortes en ambas direcciones, a lo largo y a lo ancho, para que queden piezas cuadradas. También puede cortar longitudinalmente las verduras pequeñas y delgadas como las zanahorias y las pastinacas para un efecto diferente. Para platillos con verduras mixtas es importante que todas las piezas queden del mismo tamaño para que se cocinen uniformemente.

cortando jitomates en cuarterones

1 Corte rebanadas verticales Usando un cuchillo grande para chef haga un corte circular poco profundo para retirar el corazón del jitomate y corte el jitomate a la mitad a través del corazón. Ponga cada mitad con el lado plano hacia abajo y corte varias rebanadas con una separación de 3 mm a 6 mm ($\frac{1}{8}$ a $\frac{1}{4}$ in)

2 Corte las rebanadas en tiras Apile 2 ó 3 rebanadas de jitomate sobre uno de sus lados. Corte otra serie de rebanadas con una separación de 3 mm a 6 mm ($\frac{1}{8}$ - $\frac{1}{4}$ in), perpendiculares a las primeras. De esta manera obtendrá tiras.

3 Corte las tiras en cubos Acomode las tiras y corte transversalmente en cubos de 3 mm a 6 mm (⅛ - ¼ in). Repita los pasos del 1 al 3 con las mitades restantes de los jitomates.

4 Pase los cubos Use el lado plano de un cuchillo grande para chef para recoger las piezas y pasarlas a un tazón.

trabajando con calabaza de invierno

1 Parta la calabaza a la mitad Si va a cortar la calabaza en trozos, primero retire la piel usando un pelador de verduras. Usando un cuchillo grande para chef corte el cuello de la calabaza si fuera necesario. Corte ambas secciones longitudinalmente a la mitad

2 Saque las semillas Usando una cuchara de metal retire las semillas y las hebras de cada mitad conforme sea necesario, deseche.

3 Rebane o pique la calabaza en cubos cubos Colocando sobre la tabla para picar el lado plano y ahuecado de la calabaza ya sin semillas, corte la calabaza en rebanadas transversales. Si lo pide la receta, corte las rebanadas transversalmente en trozos.

trabajando con hierbas

cortando mejorana, perifolio, perejil, menta, cilantro, estragón o salvia Retire las hojas de los tallos; deseche los tallos o resérvelos para hacer caldo. Junte las hojas sobre una tabla para picar y balancee un cuchillo grande para chef hacia delante y hacia atrás sobre las hojas hasta picarlas en trozos grandes (picado grueso). Vuelva a juntar las hojas y balancee el cuchillo sobre ellas hasta picarlas en trozos tan pequeños como le sea posible (picado fino).

picando menta, albahaca o salvia en listones Retire las hojas de los tallos; deseche los tallos y las hojas decoloradas o muy rotas. Apile 5 ó 6 hojas una sobre la otra, enrolle a lo largo formando un cilindro apretado. Usando un cuchillo grande para chef corte las hojas transversalmente en listones delgados.

picando tomillo y romero Pase suavemente sus dedos pulgar e índice a lo largo del tallo para desprender las hojas. Junte las hojas sobre una tabla para picar. Balancee un cuchillo grande para chef hacia delante y hacia atrás sobre las hojas hasta picarlas en trozos grandes (picado grueso). Junte las hojas una vez más y balancee el cuchillo sobre las hojas una vez más hasta picar en trozos tan pequeños como le sea posible (picado fino).

cortando cebollines Junte el cebollín formando un manojo pequeño sobre la tabla para picar. Usando un cuchillo filoso grande para chef corte el cebollín transversalmente en trozos pequeños. También lo puede cortar sujetando el manojo con una mano y cortando con tijeras de cocina en trozos pequeños.

trabajando con chalotes

1 Separe los dientes del chalote Algunas veces se encuentran chalotes individuales robustos con la piel dorada; otras veces parecen cabezas de ajo con 2 o más dientes pegados entre sí. Separe los dientes del chalote si fuera necesario.

2 Parta el chalote a la mitad Usando un cuchillo mondador o un cuchillo grande para chef corte el chalote longitudinalmente a la mitad atravesando la raíz.

3 Retire la piel y recorte el chalote Usando un cuchillo levante la orilla de la piel apapelada del chalote y retire. Recorte cada punta

cuidadosamente pero deje intacta una porción de la raíz para mantener unida la mitad del chalote.

4 Corte la mitad del chalote a lo largo Ponga el lado plano de la mitad de chalote sobre la tabla para picar y haga varios cortes a lo largo. No corte hasta la raíz ya que ésta ayuda a mantener unidas las capas del chalote.

5 Corte la mitad del chalote horizontalmente Ponga la hoja del cuchillo paralela a la tabla para picar y haga varios cortes horizontales delgados sobre la mitad del chalote, deteniéndose justo antes de llegar a la raíz.

6 Corte la mitad del chalote transversalmente Corte la mitad del chalote transversalmente para hacer cubos. Al cortar el chalote de esta forma metódica proporciona piezas del mismo tamaño que se cocinarán uniformemente

rebanando fino Para rebanar un chalote finamente siga los pasos del 1 al 3. Ponga el lado plano de la mitad del chalote sobre la tabla para picar. Usando un cuchillo mondador o un cuchillo grande para chef corte el chalote transversalmente en rebanadas delgadas.

trabajando con ajo

1 Afloje la piel del ajo Con el lado plano de un cuchillo grande para chef presione firmemente el diente de ajo. Si planea picar el ajo finamente lo puede aplastar. Si lo va a rebanar presione ligeramente para mantener el diente de ajo intacto.

2 Retire la piel del diente de ajo y parta a la mitad La presión que ejerce el cuchillo hará que la piel del ajo se separe; retire y deseche. Corte el diente de ajo longitudinalmente a la mitad a través de la raíz

3 Corte la mitad del ajo en rebanadas Corte con el cuchillo las mitades del cada diente de ajo longitudinal o transversalmente en rebanadas muy delgadas. Use así las rebanadas o pique grueso.

4 Pique el ajo Sujete el mango del cuchillo con una mano; descanse las puntas de los dedos de su otra mano en la punta del cuchillo. Balancee el cuchillo hacia delante y hacia atrás sobre el ajo rebanado hasta que esté uniformemente picado. Use así el ajo o pique finamente.

5 Pique el ajo finamente Apile el ajo picado grueso sobre la tabla para picar. Retire los trocitos del ajo de la hoja del cuchillo y vuelva a poner sobre los apilados. Continúe picando, balanceando el cuchillo hacia adelante y hacia atrás, hasta que los trocitos del ajo estén muy pequeños o finamente picados.

trabajando con jengibre

1 Retire la piel del jengibre Usando un cuchillo mondador, un pelador de verduras o la punta de una cuchara retire la piel café apapelada del jengibre.

2 Corte el jengibre en círculos Sujete el jengibre con una mano y usando un cuchillo mondador o un cuchillo grande para chef corte el jengibre en círculos.

3 Corte los círculos en tiras delgadas Apile los círculos unos sobre otros y corte en tiras.

4 Corte las tiras Ponga las tiras en fila y corte transversalmente para picar grueso. Continúe cortando, balanceando la hoja del cuchillo para adelante y para atrás, hasta que las piezas estén muy pequeñas o finamente picadas.

trabajando con chiles

1 Corte el chile longitudinalmente en cuarterones Usando un cuchillo mondador corte los chiles longitudinalmente a la mitad y luego en cuatro partes.

2 Retire las semillas y las venas Usando un cuchillo mondador retire el tallo, semillas y venas de cada cuarterón de chile.

3 Rebane cada cuarterón en tiras Ponga los cuarterones con el lado cortado hacia arriba sobre una tabla para picar. Corte en tiras delgadas de aproximadamente 3 mm ($1/8$ in) de ancho.

4 Corte en cubos y pique las tiras finamente Ponga las tiras de chile en línea y corte transversalmente cada 3 mm ($1/8$ in). Descanse las puntas de los dedos de una mano en la punta superior del cuchillo y balancee el cuchillo para adelante y para atrás picando finamente.

retirando el hueso a las aceitunas

1 Golpee las aceitunas Ponga las aceitunas en una bolsa de plástico con cierre hermético, saque el aire y cierre. Usando un mazo para carne o un rodillo golpee las aceitunas suavemente para aflojar los huesos.

2 Retire los huesos Saque las aceitunas aplastadas de la bolsa y con sus dedos separe los huesos de las aceitunas. Usando un cuchillo mondador corte la carne pegada al hueso si alguna aceituna aún lo tiene pegado.

haciendo migas frescas de pan molidos

Retire la corteza de una baguette o de algún otro pan de tipo campestre y trocee las rebanadas en trozos grandes. Ponga en el procesador de alimentos y pulse hasta obtener las migas del tamaño deseado. También lo puede hacer manualmente, sujetando la corteza con la mano y rallando el pan en las raspas grandes de un rallador manual

trabajando con cítricos

1 Lave y ralle los cítricos Lave bien la fruta. Use un rallador manual, ya sea un Microplane o las raspas más finas de un rallador de caja, para rallar la parte de color de la cáscara pero sin retirar la parte blanca amarga.

2 Limpie el rallador No olvide de retirar toda la ralladura de la parte posterior del rallador que es en donde normalmente se acumula.

3 Corte los cítricos a la mitad Primero presione firmemente la fruta cítrica con la mano y ruede la fruta sobre una superficie de trabajo para suavizar la fruta. Posteriormente, usando un cuchillo grande para chef corte la fruta transversalmente a la mitad.

4 Exprimiendo el jugo de los cítricos Si exprime el jugo a mano, use un exprimidor para penetrar las membranas al exprimir. Exprima el jugo sobre un tazón. Si es necesario, cuele el jugo hacia otro tazón para retirar las semillas antes de usarlo.

asando a fuego directo

asador de carbón Usando unas pinzas largas coloque carbones encendidos formando 3 áreas de calor: una con 2 ó 3 capas de carbón en una tercera parte del asador, otra con 1 ó 2 capas de carbón ocupando otra tercera parte del asador dejando la tercera parte del asador sin carbón. Cuando los carbones estén cubiertos de una capa de ceniza blanca, coloque los alimentos sobre la parrilla del asador, directamente sobre la primera área de carbón, la cual deberá ser la más caliente. Si el calor pareciera ser demasiado fuerte o si lo que está asando pareciera que se está cocinando demasiado rápido o si hubiera llamas, mueva los alimentos a otra sección del asador.

asador de gas Encienda todas las hornillas del asador y póngalo a funcionar a fuego alto. Cierre la cubierta del asador y déjelo calentar durante 10 ó 20 minutos antes de usarlo. Cuando esté listo para cocinar apague uno de los quemadores. Coloque la comida directamente sobre la parrilla, en la parte más caliente del asador. Baje el fuego conforme sea necesario ajustando la temperatura del asador o mueva la comida colocándola en un lugar menos caliente si aparecen llamas.

eligiendo verduras

Las recetas de este libro lo impulsan a inspirarse en la abundancia de los productos de temporada que estén disponibles en los mercados locales, mercados sobre ruedas y supermercados. Mientras más frescas estén las verduras con las que cocina, más sabroso quedará el platillo final. Mientras más tiempo estén en el mercado, las verduras pierden humedad, textura y sobre todo sabor. Las verduras de alta calidad deben verse rollizas, húmedas y sin arrugas y deben sentirse pesadas en relación a su tamaño. Lo bueno de comprar en los mercados locales es que puede preguntar al granjero cuando se cosecharon las verduras y algunas veces él le ofrecerá una prueba. De esta manera, usted mismo podrá juzgar la frescura.

Algunas verduras, como el elote en mazorca, jitomates y alcachofas, empiezan a perder su frescura tan pronto como se cosechan. Otras, como las calabazas de invierno con su corteza gruesa, las papas y las zanahorias, pueden almacenarse durante períodos de tiempo relativamente largos.

comprando productos orgánicos

El beneficio de comprar frutas y verduras orgánicas es que no han sido cultivadas en tierra químicamente tratada y que no han sido rociadas con pesticidas. Como los productos orgánicos duran menos en los estantes, cuando se compran en el supermercado, generalmente quiere decir que están frescos. Una desventaja de las frutas y verduras cultivadas orgánicamente es que pueden ser más caras que las verduras cultivadas convencionalmente. Sin embargo, algunas frutas y verduras conservan más químicos que otras. La manera más recomendable de incorporar productos orgánicos en su estilo de vida es el mezclar productos orgánicos con productos cultivados convencionalmente.

Las frutas y verduras que retienen muchos de los químicos con los que se cultivaron son: manzanas, chabacanos, pimientos, apio, cerezas, espinacas, fresas, duraznos, peras, papas, frambuesas y pepinos. Cuando compre estas frutas y verduras, trate de comprar las variedades orgánicas.

Algunas frutas y verduras absorben menos químicos con los que se cultivan, por lo que no es tan importante comprar la variedad orgánica. Éstas incluyen: espárragos, aguacates, plátanos, brócoli, coliflor, maíz, kiwi, mangos, cebollas, papayas, piñas y chícharos.

Por lo general, usted puede encontrar frutas y verduras orgánicas más baratas en los mercados locales ya que éstas se cultivaron en su localidad. Los alimentos orgánicos que se venden en los supermercados son algunas veces importados y pueden ser mucho más caros. Para estar seguro de que la comida realmente es orgánica, busque la etiqueta que diga "100% orgánico".

almacenando frutas y verduras

Las verduras de hoja verde y las hierbas no se conservan bien, por lo que es mejor almacenarlas en el cajón para del refrigerador solamente por pocos días. Las verduras de hoja verde se conservan mejor cuando están frías, crujientes y secas, por lo que es recomendable lavarlas unas cuantas horas antes de usarlas, secar en un secador de ensaladas, envolver en una toalla y almacenar en el cajón del refrigerador hasta el momento de servir. También puede almacenar las hierbas sumergiendo los tallos en un vaso con agua durante varias horas.

La col y los tubérculos como los nabos y la pastinaca se conservan bien. Estas verduras de invierno pueden retener su sabor, textura y nutrientes durante varias semanas después de haberse cosechado. Guárdelas en el cajón para frutas y verduras del refrigerador hasta por 2 semanas. Las verduras robustas de verano como las calabacitas y la berenjena también se conservan bien en el cajón del refrigerador, pero por menos tiempo.

Las cebollas, chalotes y ajo se pueden guardar a temperatura ambiente y generalmente se mantienen frescas durante 3 semanas. Guarde estas verduras en un lugar fresco, de preferencia en una canasta donde el aire pueda circular. Las papas deben guardarse en una alacena o gabinete oscuro ya que la luz hará que se pongan verdes y amargas.

condimentando las verduras

Un poco de mantequilla o aceite de oliva y una o dos pizcas de sal y pimienta recién molida ayudan a que cualquier verdura fresca tenga un buen sabor, pero el añadir más ingredientes como jugo y ralladura de cítricos, hierbas frescas y condimentos atrevidos puede mejorar significativamente sus platillos de verduras.

sal La sal ayuda a realzar y aumentar el sabor. Si pone sal al empezar a cocinar, ya sea salando el agua para hervir papas o para sazonar una

marinada, una vez que llegue al paso final va a necesitar muy poca sal adicional para refinar los sabores. Cada persona tiene una tolerancia diferente para la sal y la pimienta, así es que no se confíe solamente en la receta, es mejor probar y sazonar a su propio gusto.

mantequilla y aceite La mantequilla es deliciosa mezclada con las verduras pero puede quemarse a altas temperaturas, por lo que es más recomendable usar aceite para saltear. El aceite de oliva es una alternativa deliciosa y saludable. Para un aceite de oliva afrutado y sabroso para cocinar, busque botellas etiquetadas como aceite extra virgen a un buen precio. Para un aceite más ligero para cocinar, busque aceite de oliva puro o un aceite vegetal como el de canola. Use un aceite de oliva extra virgen más caro para rociar sobre un platillo ya terminado. El aceite de ajonjolí asiático es también una buena opción para dar el toque final

ingredientes ácidos El jugo fresco de limón amarillo o de limón agrio y el vinagre de cualquier tipo añaden un toque de intensidad al platillo. Algunas veces una cuantas gotas es todo lo que se necesita para aumentar el sabor. Los ingredientes ácidos como el brillante limón o la profundidad de un vinagre de vino tinto añejado en barricas, también contribuyen al platillo con sus sabores distintivos.

hierbas frescas La complejidad floral de las hierbas frescas desaparece cuando están secas, por lo que es mejor comprarlas frescas. Mientras que las hierbas leñosas se agregan al principio del cocimiento, las hierbas de hoja se

deben integrar en la etapa final del cocimiento o espolvorear sobre el platillo terminado. Cuando se calientan, éstas pierden su fresco y brillante sabor.

alacena internacional Este libro proporciona sabores del mundo entero en forma de condimentos (salsa harissa y wasabe), especias (polvo indio de curry y orégano mexicano) y aceites (aceite de oliva extra virgen y aceite de ajonjolí asiático). La mayoría de estos ingredientes se pueden encontrar en los supermercados, tiendas de abarrotes bien surtidas o en tiendas especializadas en alimentos. Muchos tienen una larga vida en el anaquel, por lo cual, cuando los compre los tendrá a la mano para usar en estas recetas o para alegrar algunas verduras básicas asadas o cocidas al vapor

sirviendo verduras

Las recetas de este libro están diseñadas para servir como guarnición para 4 personas. Muchos de estos platillos de verduras serían deliciosos junto a carnes cocinadas de acuerdo a la temporada, como unas costillas de cordero fritas en la primavera, filetes asados en el verano, pollo asado en el otoño o estofado de carne en el invierno.

Usted también puede servir los platillos de este libro acompañando con polenta, arroz, cuscús o pasta (vea página 142) para preparar deliciosos platillos vegetarianos como platos principales.

ingredientes de temporada

Todas las frutas y verduras tienen una temporada en la que se encuentran en su punto, a veces es solamente un mes al año cuando su sabor es insuperable. Algunas verduras como las espinacas, arúgula, papas, alcachofas, bok choy, rábanos y cebollas son deliciosas tanto al principio como al final de la temporada (vea los puntos vacíos a la derecha que marcan las estaciones de transición para algunas frutas y verduras.

INGREDIENTES	PRIMAVERA	VERANO	OTOÑO	INVIERNO
manzanas			●	○
alcachofas	●		●	
arúgula	●	●	●	
espárragos	●			
habas	●			
frijoles tiernos		●	●	
ejotes		●		
betabel		●	●	
bok choy	●		●	●
brócoli		●	●	●
brócoli rabé		●	●	●
colecitas de Bruselas			●	●
col		●	●	○
zanahorias	●	○	●	●
coliflor		●	●	●
apio nabo			●	○
acelgas	●	●	●	●
chiles		●	●	
cítricos	●			●
maíz		●	○	
pepinos		●		

INGREDIENTES	PRIMAVERA	VERANO	OTOÑO	INVIERNO
berenjena		●	○	
col rizada	○		●	●
poro	○	○	●	●
hongos cultivados	●	●	●	●
hongos silvestres			●	●
lechuga mostaza	●	○		
angú o quimbombó		●	●	
cebollas varias		○	●	○
cebollas verdes	●	●	○	
cebollas vidalia	●			
pastinaca	○		●	●
peras			●	●
chícharos	●	○		
papas	○	●	●	●
radicchio		●	●	●
rábanos	●	●	●	
espinaca	○	●	●	●
calabaza verano		●	○	
calabaza invierno			●	●
jitomates		●	○	
nabos	○		●	●

glosario

aceite Hay una gran variedad de aceites disponibles para los cocineros hoy en día. Algunos son mejores para cocinar a fuego alto y otros para rociar sobre un platillo como un toque de sabor.

asiático de ajonjolí Este aceite de color ámbar oscuro se obtiene al prensar semillas de ajonjolí tostadas. Tiene un aroma y sabor anuezado. A diferencia de otros aceites usados para cocinar, el aceite de ajonjolí se debe utilizar moderadamente como condimento en platillos de inspiración asiática durante los últimos minutos de la cocción.

asiático de chile Este aceite embotellado, que se consigue en las tiendas especializadas en alimentos asiáticos y en varios supermercados, tiene chiles rojos picantes macerados en él, los cuales le dan un color rojo y un picor abrasador.

de canola Este aceite de sabor neutral se obtiene al prensar las semillas de la planta de la colza, de la misma familia que la planta de la mostaza. Tiene un alto contenido de grasa monosaturada y es bueno para cocinar en general.

de nuez Se obtiene al prensar la carne de las nueces, tiene un rico sabor y fragancia a nuez. No se usa para cocinar porque su sabor se pierde al calentarse. Se usa generalmente en aderezos para ensaladas o para rociar sobre platillos terminados.

de oliva extra virgen La primera prensada en frío de las aceitunas produce el aceite de oliva extra virgen, la variedad más pura y con menor contenido ácido, con un sabor entero que refleja la cosecha de las aceitunas. Es mejor reservar este aceite para rociar sobre los platillos terminados

aceitunas, kalamata Una aceituna muy popular de origen griego, la aceituna Kalamata tiene la forma de una almendra de color púrpura casi negro y es sabrosa y carnosa. Estas aceitunas son curadas en salmuera para después envasarse en aceite o vinagre. Se pueden conseguir en la mayoría de los supermercados.

acelgas Estas grandes hojas arrugadas de color verde tienen tallos estriados y carnosos. Hay dos variedades principales: una con los tallos rojos y otra con tallos de color blanco perla. La acelga de tallo rojo, también conocida como ruibarbo o acelga roja, tiene un sabor ligeramente más natural, mientras que la acelga de tallos blancos tiende a ser más dulce.

achicoria Verdura de hojas rojas, la achicoria tiene un sabor amargo y una textura suave pero firme. Las dos variedades más comunes son radicchio de Verona y radicchio di Treviso. La primera tiene forma de globo y la segunda es angosta y parecida a la endivia belga. La achicoria o radicchio puede comerse cocida o cruda en ensalada.

alcachofas, globo Son los capullos de flor de una planta de la considerable familia del cardo y tienen un moderado sabor a nuez. Están en su punto en la primavera temprana, pero tienen una segunda temporada en el otoño. Busque alcachofas que se sientan pesadas en relación con su tamaño.

alcaparras Son los capullos de flor de un arbusto nativo de la zona del Mediterráneo y generalmente se venden en salmuera. Las que se etiquetan como

"nonpareils" del sur de Francia, están consideradas como las mejores y son las más pequeñas.

anchoas, enlatadas en aceite Estos pequeños peces plateados populares en el Mediterráneo y pescados en aguas de todo el mundo, generalmente se asan. La mayoría de las anchoas se conservan en sal o aceite y se venden empacadas en latas o frascos.

arúgula Las hojas de color verde oscuro de esta planta, llamada "rocket" en inglés, se parecen a las hojas del roble, muy marcadas y alargadas. Su sabor es ligeramente parecido al de la nuez, aunque penetrante y picante. Las hojas más grandes pueden tener un sabor más fuerte que las pequeñas.

azafrán El estigma o flor de una pequeña planta de croco que debe ser recogido a mano y luego secado. Se requieren varios miles de flores para producir 30 g (1 oz) de hilos de azafrán seco, por lo cual el azafrán es la especia más cara de todas. Para nuestra suerte, esta especia rinde mucho; usando sólo una pizca podemos sazonar platillos con este sabor único, y al mismo tiempo proporcionarles un color dorado.

azúcar morena clara Rica en sabor, el azúcar morena es azúcar granulada mezclada con melaza. Tiene una textura suave y húmeda. El azúcar morena clara tiene un color más claro y un sabor más suave que el azúcar morena oscura.

berenjena Esta versátil verdura viene en varios tamaños y colores. En este libro se usan dos tipos de berenjena:

asiática Las berenjenas asiáticas estilizadas y angostas tienen muy pocas semillas y un sabor suave y moderado. Las berenjenas japonesas, de color morado profundo, son las más comunes pero también se pueden conseguir las berenjenas chinas de color azul lavanda.

globo Esta es la variedad de berenjena más conocida. Las berenjenas grandes, de color morado oscuro y en forma de globo bulboso se venden en todos los supermercados.

bok choy, miniatura La bok choy regular de tallos blancos o la variedad Shangai de color jade, cualquier variedad de bok choy cosechada cuando la cabeza es pequeña se puede llamar bok choy miniatura. La mayoría de los supermercados bien surtidos venden por lo menos una variedad de bok choy, pero es mejor buscarla en tiendas especializadas en alimentos chinos.

brócoli rabé También conocido como brócoli raab, rape y rapini, esta verdura de color verde brillante se parece al brócoli pero tiene tallos delgados, pequeñas florecillas y muchas hojas onduladas. Su sabor es muy amargo.

caldo Cualquier concentrado preparado y empacado comercialmente que resulte de cocer verduras, pollo, carne o pescado en agua se conoce llama caldo. Puede ser un sustituto práctico en vez del caldo hecho en casa, pero tiende a ser más salado. Busque caldo bajo en contenido de sal y grasa ya que le dará mayor control al sazona.

castañas, al vapor Las castañas frescas siempre se venden en su cáscara suave de color caoba. Son muy difíciles de pelar y cocinar para usarse como ingrediente en un platillo. Afortunadamente, ya venden frascos de castañas sin cáscara y cocidas al vapor en algunos supermercados y tiendas de abarrotes, especialmente en el otoño y en el invierno. Las castañas tienen un sabor ligeramente dulce y una textura carnosa y almidonada.

col En las tiendas de abarrotes y mercados locales hay distintas variedades de col, además de la col verde que es la más conocida. A continuación presentamos las clases de col que se requieren en estas recetas:

Napa También conocida como col china o col de apio, esta col es alargada con hojas arrugadas de color amarillo claro verdoso y tallos anchos, planos y de color blanco aperlado.

morada La col morada se parece a la col verde pero con un color morado rojizo. Cuando la compre, busque coronas que tengan hojas apretadas y que se sientan pesadas en relación con su tamaño.

col rizada negra También conocida como cavolo nero, la col rizada negra es una verdura de hojas grandes oscuras y fuertes parecida a la col dinosaurio. Si no encuentra col rizada negra la puede sustituir por la col normal.

colecitas de Bruselas Son miembro de la familia de las coles y crecen en largos tallos con coronas sumamente cerradas que parecen coles diminutas. Seleccione las que se sientan pesadas en relación con su tamaño y que tengan hojas colgando muy cerca de la corona. Las coronas pequeñas, como de 2.5 cm (1 in) de diámetro, son generalmente mejores que las grandes.

crème fraîche En la tradición francesa la crème fraîche es crema sin pasteurizar espesada con una bacteria naturalmente presente en la crema. Sin embargo, es más común que se espese agregándole una bacteria, la cual le proporciona una consistencia suave para poder untar y un sabor ácido.

chalote Pequeño miembro de la familia de las cebollas, tienen la piel café y carne blanca con un ligero tinte morado. Su sabor es una mezcla entre la cebolla dulce y el ajo y generalmente se usa en recetas que quedarían opacadas por el fuerte sabor de la cebolla.

chícharos Los chícharos frescos de cualquier variedad agregan color y dulzura a cualquier platillo.

ingleses Los chícharos ingleses o chícharos verdes, como también son conocidos, deben ser desvainados antes de cocerse. Los chícharos desvainados deben de estar firmes al tacto, tener color verde brillante y ser lo suficientemente dulces para poder comerse de inmediato. Por el hecho de que los azúcares que contienen se convierten rápidamente en almidón, los chícharos ingleses deben cocinarse lo antes posible.

chino o nieve Los chícharos nieve son planos y se comen enteros con todo y vaina. Tienen una textura crujiente y un sabor fresco a verduras con una dulzura moderada. Se pueden usar crudos o cocidos.

dulces Estos chícharos se parecen a los chícharos chinos pero son más redondos y también se comen con su vaina. Tienen una textura crujiente y un sabor dulce

chiles Cuando compre chiles frescos, busque chiles rollizos, firmes y sin imperfecciones. Tenga cuidado cuando toque chiles frescos o secos ya que su picor se transfiere fácilmente a la piel.

chipotle Los chiles chipotles son chiles jalapeños rojos maduros que se han puesto a secar y a ahumar. Para hacer chiles chipotles en adobo se remojan en salsa de adobo, una mezcla muy sabrosa de jitomate y cebolla. Se venden enlatados en la mayoría de los supermercados.

jalapeño Este chile verde brillante, que mide aproximadamente 5 cm (2 in) de largo, varía de picante a muy picante y es uno de los chiles más populares en los Estados Unidos.

poblano De color verde oscuro, el chile poblano mide cerca de 13 cm (5 in) de largo, es ancho de la parte superior cerca del tallo y su cuerpo va disminuyendo en tamaño. Tiene un sabor natural a verdura y es ligeramente picante

espárragos Los espárragos son una de las verduras favoritas de la primavera. Antes de cocinarlos, retire la porción dura y fibrosa no comestible de la base de cada espárrago. Corte la parte seca y gruesa de la base o simplemente parta este último trozo del espárrago doblándolo cuidadosamente hasta que se parta por sí solo. Si la piel se ve gruesa

y dura, retire la piel del tallo hasta cerca de 5 cm (2 in) de la punta, con un pelador de verduras o un cuchillo mondador.

hierbas Las hierbas dan vida a los platillos de verduras con su perfume y su distintivo sabor. La mayoría de las hierbas saben mejor cuando se usan frescas, pero algunas hierbas sustanciosas se pueden usar secas. Muchas de las hierbas que se solicitan en este libro son ya conocidas; a continuación se explican las más inusuales:

cebollín Largo, delgado y de color verde oscuro, el cebollín es un miembro de la familia de las cebollas. Brinda a los platillos un sabor moderado a cebolla. Debido a su color y forma, frecuentemente se usa para adornar.

estragón fresco Esta hierba moderadamente dulce tiene hojas largas, delgadas y de color verde profundo con un sabor que recuerda al anís. Tenga cuidado cuando agregue estragón ya que su sabor relativamente fuerte puede dominar a los ingredientes más delicados.

hoja de laurel Las hojas de color verde grisáceo del árbol del laurel tienen una sabrosa fragancia herbal. Hace tiempo, las hojas de laurel secas eran la única versión disponible, pero hoy en día se pueden conseguir fácilmente las hojas de laurel frescas, con un sabor más delicado y complejo que las secas.

mejorana fresca Esta hierba tiene un sabor similar al de su pariente cercano el orégano, pero es más delicada y tiene un toque floral a menta.

orégano mexicano, seco Esta hierba no está relacionada con el orégano que se encuentra en la

comida Mediterránea. Tiene una cualidad herbal con toque de cítricos que complementa los platillos mexicanos y la cocina del suroeste de los Estados Unidos. Se vende en las tiendas especializadas en comida mexicana.

perifolio fresco Una hierba primaveral con hojas verdes parecidas a las delicadas hojas de perejil, el perifolio sabe mejor cuando se usa fresco. Tiene un suave sabor parecido al perejil y al anís.

salvia fresca Las hojas aterciopeladas de la salvia son de color gris verdoso y muy aromáticas. El sabor natural de la salvia se usa frecuentemente para sazonar carnes y pollo, pero también sabe bien en los platillos de verduras con sabor fuerte

jamón, Black Forest Este jamón, hecho tradicionalmente en Alemania bajo estrictas normas, es cuidadosamente sazonado, curado y ahumado. El jamón Black Forest que se puede conseguir fácilmente fuera de Alemania es un jamón ahumado con la parte exterior oscura que imita la versión auténtica.

jitomates Estas frutas agridulces son deliciosas en el verano y se encuentran en los mercados locales o en los mercados sobre ruedas.

cereza Estos pequeños jitomates redondos generalmente de 2.5 cm (1 in) de diámetro tienen piel gruesa y un pleno sabor dulce. Los jitomates cereza de color rojo o amarillo son los más comunes.

heirloom Este término se refiere a las variedades de jitomates que han sido cosechadas de semillas selectas, no de semillas híbridas. Vienen en una gran variedad de formas, tamaños y colores, desde frutas grandes y verdes con rayas hasta las más pequeñas de color rojo oscuro.

pera amarillos Estos pequeños jitomates en forma de pera tienen poca acidez, lo que permite que resalte su dulzura.

leche de coco sin endulzar La leche de coco se vende en lata y está hecha al procesar coco rallado con agua. Antes de usarla se debe agitar la lata para integrar la crema del coco que se separa de la leche y sube a la superficie.

lechuga mostaza Las hojas oscuras de la planta de la mostaza tienen un sabor penetrante y apimentado. Cuando las compre, elija las que tengan color vivo y estén frescas y firmes.

leguminosas Hay una gran variedad de leguminosas en los mercados de la actualidad. Se venden frescas, secas, enlatadas e incluso hasta congeladas. Entre ellas están:

ejotes Los ejotes también conocidos como judías verdes, se comen enteros y tienen un agradable sabor fresco a verdura. Cuando los compre, busque las vainas con color vivo que no tengan imperfecciones ni estén secas.

frijoles cannellini Estos frijoles de color marfil adquieren una textura cremosa y esponjosa cuando se cuecen. Si no encuentra frijoles cannellini enlatados los puede sustituir por frijoles blancos comunes o por frijoles tipo Great Northern.

frijoles negros Los frijoles negros, algunas veces conocidos como frijoles tortuga, tienen una textura firme y densa cuando se cuecen y un

sabor muy suave y ligeramente dulce. Se venden secos o enlatados.

tiernos Los frijoles tiernos son frijoles frescos que se deben retirar de la vaina antes de cocinar. Los frijoles arándano con sus manchitas rojas, algunas veces conocidos como frijoles borlotti, son un buen ejemplo.

habas verdes También conocidas como frijoles anchos, estas leguminosas de primavera tienen un sabor natural ligeramente amargo. La porción comestible debe retirarse de la vaina exterior para retirar después a cada haba su piel exterior que es un poco dura.

mantequilla sin sal La mantequilla sin sal no ha sido sazonada con sal durante su fabricación, proporcionando al cocinero o pastelero control total sobre la cantidad de sal que se agrega en una receta. Algunas veces es etiquetada como mantequilla dulce, aunque la mantequilla dulce también se vende con sal.

miel de maple pura La miel de maple se hace al hervir la savia del azucarado árbol de maple hasta obtener una miel de color ámbar. La miel se clasifica de acuerdo al color, como "elegante" o grado A, la cual tiene un color claro y un sabor delicado. La de grado B es más oscura y tiene más sabor. La miel de grado B generalmente sólo se usa para cocinar y hornear, no como condimento.

mirin Un ingrediente importante de la cocina japonesa, el mirin es un vino dulce para cocina que se produce al fermentar arroz glutinoso con azúcar. Este vino de color dorado pálido y consistencia de almíbar proporciona un rico sabor y un brillo

translúcido a las salsas, aderezos y a los platillos cocidos a fuego lento.

miso blanco Un alimento básico en la cocina japonesa, el miso es una pasta fermentada de frijol de soya y granos. El miso blanco, relativamente moderado en sabor y conocido como shiro-miso, es el más común dentro de las distintas variedades. Busque el miso blanco en la sección refrigerada .

pan rústico Esta categoría de pan incluye cualquier tipo de pan rústico, con mucho cuerpo y que, por lo general, no contiene levadura. El pan francés y la baguette son parte de este grupo y son una buena selección para hacer cuadros de pan con textura firme y también pan molido.

pancetta La pancetta es un tocino italiano sin ahumar. Se obtiene salando y condimentando la carne de puerco con pimienta negra y otras especias, enrollándolo posteriormente en forma de cilindro y dejándolo curar. Proporciona un sabor carnoso a las sopas, estofados, salsas para pasta y platillos de todo tipo.

papas Las distintas variedades de papas tienen diferentes niveles de almidón, lo cual hace que una variedad sea mejor que otras para cocinar de cierta manera. A continuación presentamos las variedades que se usan en este libro:

cambray Una papa inmadura con bajo contenido de almidón, las papas cambray son muy pequeñas y tienen la piel muy delgada. Se obtienen en la primavera y el verano temprano.

fingerling Esta variedad de papa es llamada fingerling por su forma angosta, sus prominencias o pequeños bultos y su forma parecida a la de un dedo. Son amarillentas y con poco contenido de almidón, por lo que son ideales para cocer al vapor o en agua.

roja De forma redonda, las papas rojas tienen la piel delgada y una textura parecida a la cera. Son ideales para asar, hervir o cocer al vapor.

russet También conocida como papa para hornear o de Idaho, esta variedad es más grande y su piel es burda y de color café. Su alto contenido de almidón hace que al cocinarla quede seca y esponjosa, por lo que es ideal para hornear, freír o hacer puré.

yukon amarilla Una papa con moderado contenido de almidón, piel delgada y carne amarilla, las papas yukon doradas tienen un sabor dulce y amantequillado. Son una buena elección para cualquier platillo.

páprika, ahumada dulce Una especialidad española, la páprika ahumada es elaborada con pimientos rojos ahumados y molidos. Tiene un sabor natural ahumado casi carnoso y un color rojo oscuro. La páprika ahumada se puede encontrar de sabor dulce o suave, semidulce o agridulce y picante.

pasta de curry rojo Topular en la cocina tailandesa, la pasta de curry rojo es una mezcla de chiles rojos, ajo, chalote, hierbas y especias. Se vende en frascos pequeños en las tiendas de abarrotes bien surtidas y en las tiendas especializadas en alimentos asiáticos.

pastinaca Estos tubérculos de color marfil están disponibles en otoño e invierno y se parecen mucho a sus parientes las zanahorias. La pastinaca tiene un ligero sabor dulce apimentado y una textura dura y almidonada que se suaviza al cocerlas.

pepino inglés Los pepinos ingleses delgados y de color verde oscuro, también llamados pepinos de invernadero, son de piel delgada y tienen muy pocas semillas. Se venden frecuentemente envueltos en plástico adherente a un lado de los pepinos comunes.

pimienta de cayena Un tipo de pimienta roja muy picante hecha de chiles molidos y secos tipo cayena y otros chiles, la pimienta de cayena se utiliza en pequeñas cantidades para añadir picante o para intensificar el sabor de un platillo. Debido a que las diferentes mezclas varían en la cantidad de picante, siempre empiece añadiendo una pequeña cantidad y luego añada más, al gusto.

polvo de curry Madras El polvo de curry es un producto de gran utilidad para los cocineros de comida hindú ya que les simplifica el trabajo diario de mezclar especias. Es una mezcla compleja de chiles, especias, semillas y hierbas molidas. El polvo de curry Madrás tiene un sabor más fuerte que el polvo de curry común.

queso Ya sea espolvoreado sobre un platillo o mezclado en un relleno para unir sabores, el queso juega un papel importante en muchas recetas de verduras. Para obtener el mejor sabor, ralle o desmenuce el queso justo antes de usarlo.

de cabra También llamado chèvre, este queso puro y blanco está hecho con leche de cabra. Su textura es suave y tiene un sabor ligeramente ácido y salado. No use el queso de cabra añejo en una receta que pida queso de cabra fresco.

feta Un queso desmenuzable, hecho de leche de cabra o de vaca y curado en salmuera, el queso feta es un queso griego tradicional aunque hoy en día se hace en muchos países incluyendo los Estados Unidos y Francia. Tiene un agradable sabor ácido y salado.

fontina Un queso exquisito y semifirme hecho de leche de vaca, de sabor suave y natural, este queso proviene de la región italiana del Piamonte. A las versiones no italianas de este queso les puede faltar sabor, pero cualquier tipo es excelente para derretir.

gruyère El gruyère es un queso suizo de leche de vaca, firme y con sabor a nuez, cuyo nombre proviene de la región en la cual se originó. También se produce en Francia donde se le conoce como Gruyère de Comté, o simplemente Comté. Ambas clases se derriten suavemente.

parmesano El queso parmesano es un queso firme, añejo y salado hecho de leche de vaca. El auténtico queso parmesano proviene de la región Emilia-Romagna en el norte de Italia y se conoce con el nombre de su marca Parmigiano-Reggiano. De un rico y complejo sabor y a menudo con una agradable textura granulosa, este sabroso queso sabe mejor si únicamente se ralla lo necesario justo antes de usar en una receta o de llevar a la mesa.

pecorino romano Este queso italiano hecho de leche de oveja, tiene un sabor fuerte y salado y una textura apropiada para rallar o gratinar. Muchos de estos quesos hechos fuera de Italia con leche de vaca tienen menos sabor que la versión original.

quingombó o angú Conocida también como angú es una vaina estilizada de color verde grisáceo que tiene muchas semillas y es muy popular en América del sur. Tiene un sabor moderado, similar al de los ejotes, y una textura viscosa que ayuda a espesar ciertos platillos como el gumbo.

rábano picante, preparado (horseradish) Su raíz retorcida tiene un sabor especiado que reanima tanto a las salsas como a las guarniciones. Se puede encontrar fresco pero es más común encontrarlo embotellado como salsa preparada de rábano picante, en la cual la raíz ha sido rallada y mezclada con vinagre. Busque el rábano picante preparado en la sección refrigerada de algunos supermercados especializados.

apio nabo TTambién conocida como celeriac o raíz de apio, el apio nabo es una verdura de invierno redonda y anudada que proporciona un sabor ligero a apio al cocinarse como puré y da una crujiente textura cuando se usa cruda en las ensaladas.

sal de mar La sal de mar es creada por medio de un proceso natural de evaporación y no contiene aditivos, por lo que su sabor es más fresco y tiene toques de minerales.

salsa de ostión Esta espesa salsa concentrada de color café oscuro hecha con ostiones secos y salsa de soya, tiene un dulce sabor sazonado. Se usa como ingrediente y algunas veces como condimento en la cocina asiática, particularmente en la china. Se vende en la mayoría de los supermercados y en las tiendas especializadas en comida asiática.

salsa de pescado Hecha de pescado salado y fermentado, la salsa de pescado es un líquido delgado y transparente cuyo color varía desde el ámbar hasta el café oscuro. Los orientales la utilizan de la misma forma que nosotros utilizamos la sal, tanto para condimentar un platillo como para usarla en la mesa.

salsa de soya oscura Una mezcla fermentada de frijol de soya, trigo y agua para crear esta sabrosa salsa salada que es un ingrediente y condimento común en Asia. La salsa de soya oscura que se usa en la cocina china es menos salada que la salsa de soya normal y también es más espesa, oscura y dulce debido a que se le añade melaza.

salsa harissa Esta pasta hecha de especias picantes se usa en el norte de África tanto como sazonador o como condimento. Se hace con chiles, especias, ajo y aceite de oliva y se vende en tubos, latas o frascos en las tiendas de abarrotes bien surtidas y en las tiendas especializadas en productos del medio oriente.

salsa sriracha Esta salsa de color rojo anaranjado brillante es una mezcla de chiles molidos, jitomates, vinagre, ajo, sal y azúcar. Originaria de la parte sur de Tailandia, esta salsa ideal para todo uso, se agrega en poca cantidad para sazonar una gran variedad de platillos cocinados. Se usa también como un condimento de mesa para muchos platillos asiáticos.

vinagre ECada tipo de vinagre tiene un sabor único lo cual lo hace particularmente adecuado para ciertos usos.

balsámico Una especialidad de la región italiana de Emilia-Romagna, principalmente de la provincia de Módena, es un vinagre añejo elaborado con jugo de uva sin fermentar o con el mosto de las uvas blancas Trebbiano. Almacenado y añejado en barricas de madera de diversos tamaños que van en disminución, cada uno de diferente madera, el vinagre balsámico se hace más dulce y más suave con el tiempo. El vinagre balsámico añejo tiene la consistencia de un jarabe intenso y sólo se utiliza en pequeñas cantidades como condimento.

de arroz Comúnmente usado en la cocina de China y Japón, el vinagre de arroz de color claro, sabor suave y ligeramente dulce, está hecho con arroz que ha sido previamente fermentado. No use el vinagre de arroz sazonado para sustituir el vinagre de arroz sencillo.

de jerez De origen español, el vinagre de jerez tiene un sabor ligeramente anuezado y es un poco ácido, el resultado de añejarse en barricas de roble. Es muy recomendado para los aderezos de ensaladas.

de vino tinto cabernet Este vinagre especial de vino tinto es el resultado de la fermentación del vino tinto Cabernet Sauvignon por segunda vez. Su sabor es atrevidamente ácido, robusto y completo.

wasabe Raíz japonesa parecida al rábano picante, el wasabe tiene un sabor muy picoso y estimulante y es de color verde claro. Es difícil encontrar wasabe fresco pero la pasta o el polvo se pueden encontrar en las tiendas de autoservicio bien surtidas o en tiendas especializadas en alimentos japoneses.

yogurt estilo griego Este yogurt simple, hecho al estilo del yogurt griego tradicional, tiene una textura espesa y cremosa y un rico sabor ácido.

índice

(degustis

Importado, editado y publicado
por primera vez en México en 2008 por
/ Imported, edited and published in Mexico in 2008 by:
Degustis, un sello editorial de / an imprint of:
Advanced Marketing S. de R. L. de C.V.
Calzada San Francisco Cuautlalpan 102 bodega D,
colonia San Francisco Cuautlalpan, Naucalpan de Juárez,
Estado de México, C.P. 53569
Título original/ Original title: New Flavors for Vegetables
/ Nuevos sabores para Verduras

Primera impresión en 2008
Fabricado e impreso en 2008 en Singapur por
/Manufactured and printed in 2008 in Singapore by;
Tien Wah Press, 4 Pandan Crescent , Singapore 128475
10 9 8 7 6 5 4 3 2 1
ISBN: 978-970-718-838-9

SERIE NUEVOS SABORES WILLIAMS-SONOMA
Ideado y producido por Weldon Owen Inc.
415 Jackson Street, Suite 200, San Francisco, CA 94111
Teléfono: 415 291 0100 Fax: 415 291 8841
En colaboración con Williams-Sonoma, Inc.
3250 Van Ness Avenue, San Francisco, CA 94109
UNA PRODUCCIÓN DE WELDON OWEN

Derechos registrados © 2008 por Weldon Owen Inc.
y Williams–Sonoma, Inc.
Todos los derechos reservados, incluyendo el derecho
de reproducción total o parcial en cualquier forma.

UNA NOTA SOBRE PESOS Y MEDIDAS

Todas las recetas incluyen medidas acostumbradas en
Estados Unidos y medidas del sistema métrico.
Las conversiones métricas se basan en normas desarrolladas para
estos libros y han sido aproximadas. El peso real puede variar.

WELDON OWEN INC.
Presidente Ejecutivo, Grupo Weldon Owen John Owen
CEO y Presidente, Grupo Weldon Owen Terry Newell
VP Senior, Ventas Internacionales Stuart Laurence
VP, Ventas y Desarrollo de Nuevos Proyectos Amy Kaneko
Director de Finanzas Mark Perrigo

VP y Editor Hannah Rahill
Editor Ejecutivo Jennifer Newens
Editor Senior Dawn Yanagihara
Editor Asociado Julia Humes

VP y Director de Creatividad Gaye Allen
Director de Arte Kara Church
Diseñador Senior Ashley Martinez
Diseñador Stephanie Tang
Director de Fotografía Meghan Hildebrand

Director de Producción Chris Hemesath
Administrador de Producción Michelle Duggan
Director de Color Teri Bell

Fotografía Kate Sears
Estilista de Alimentos Alison Attenborough
Estilista de Props Leigh Noe

Fotografías Adicionales Tucker + Hossler: páginas 17, 21, 32, 33, 38, 49, 51,
56, 62, 65, 68, 70, 73, 77, 81, 82, 85, 89, 91, 93, 94, 97, 98, 113, 114, 117, 119,
120, 125, 129, 131, 133, 134, 137, 141, 149; Getty Images: altrendo images,
páginas 14 y 15; Shutterstock: Dennis Debono, página 27; Simone van don
Berg, página 74; Gerorge P. Chome, páginas 78 y 79; Dallas Events Inc.,
página 116; Jupiter Images: Ronald Rammelkamp, páginas 46 y 47; Heather
Weston, página 58; Polka Dot Images, páginas 110 y 111.

RECONOCIMIENTOS
Weldon Owen agradece a las siguientes personas por su generosa ayuda:
Asistentes de Fotografía Victoria Wall y Brittany Powell; Estilista de Alimentos
Lillian Kang; Editor de copias Judith Dunham; Corrección de Estilo Kathryn
Shedrick y Carrie Bradley; Índice Ken DellaPenta.

3 1901 04596 1705